Le Coaching génératif I

Traduction d'Anne-Brigitte Massip-Lubrez

Robert B. Dilts
Stephen Gilligan

Le Coaching génératif I

Un voyage vers le changement créatif et durable

interéditions

Couverture : Studio Dunod - Elizabeth Riba

Traduction : Anne-Brigitte Massip-Lubrez

La première édition de cet ouvrage a été publiée aux États-Unis sous le titre *Generative coaching - Volume 1: The Journey of Creative and Substainable change* par International Association for Generative Change (*Association Internationale pour le Changement génératif*)

114 Ponderosa Drive
Santa Cruz, CA 95060
USA

E-Mail : info@generative-change.com
Site : https://generative-change.com/

interéditions est une marque de Dunod Éditeur,
11 rue Paul Bert, 92240 Malakoff

ISBN : 978-2-7296-2356-2

Sommaire

Nous aimerions dédier ce livre à nos mentors communs,
Milton H. Erickson et Gregory Bateson. Puisse l'esprit généreux et génératif
qu'ils ont éveillé en nous continuer à vivre à travers ce travail.

Milton H. Erickson

Gregory Bateson

Remerciements

Nous souhaitons remercier avec gratitude nos sponsors du monde entier qui ont adhéré à notre travail sur le coaching génératif et nous ont fourni un socle pour le partager avec tant d'autres.

Nous souhaitons également remercier les nombreux étudiants qui ont contribué à nous aider à développer ce travail, particulièrement ceux qui se sont prêtés aux démonstrations des étapes clés du processus.

Nous remercions également les membres de l'International Association for Generative Change (IAGC : *Association Internationale pour le Changement Génératif*) qui ont rejoint le collectif de l'IAGC pour concrétiser ce rêve, y compris nos collègues formateurs, membres professionnels, membres associés et autres participants passionnés par ce travail.

Nous exprimons notre gratitude à Nick LeForce, dont les poèmes ouvrent cinq chapitres de ce livre. Ses vers inspirants expriment tellement l'essence du changement génératif.

Nous adressons un remerciement spécial à Susan Kessler qui a assuré la relecture de ces pages et joliment incarné le rôle d'un critique constructif.

Nous sommes particulièrement reconnaissants envers notre illustrateur, Antonio Meza, qui a réalisé les illustrations remarquables de ce livre. Les dessins d'Antonio représentent véritablement l'esprit du changement génératif et donnent vie à ce livre mieux que nos mots ne parviendraient à le faire.

Antonio Meza

1

INTRODUCTION AU CHANGEMENT GÉNÉRATIF

CONTEXTE ET ORIGINES

Les graines de ce que nous appelons le « changement génératif » ont été plantées il y a plus de quarante ans lorsque nous nous sommes rencontrés à l'université de Californie à Santa Cruz (University of California at Santa Cruz, UCSC) au milieu des années soixante-dix. Nous étions tous les deux élèves de John Grinder et Richard Bandler, les fondateurs de la PNL. Nous étions également élèves de Gregory Bateson, qui enseignait à l'UCSC à l'époque, et de Milton Erickson, l'hypnothérapeute de renommée mondiale. Ces professeurs nous ont l'un et l'autre fortement influencés et inspiré les bases de notre travail sur le changement génératif.

Nous partageons également le fait d'être tous les deux à moitié irlandais. Gilligan a la moitié paternelle et Dilts a la moitié maternelle, Garigan. C'est donc Garigan et Gilligan. Nous aimons dire avec une étincelle irlandaise dans les yeux que le changement génératif a un père irlandais et une mère irlandaise.

Nous avons également fréquenté des écoles de garçons catholiques dans la baie de San Francisco à la fin des années soixante et au début des années soixante-dix. C'était une époque socialement très générative.

Nous avons donc beaucoup de choses en commun, mais nous sommes aussi différents à de nombreux égards. Nos chemins ont divergé après notre passage à Santa Cruz. Sur le plan professionnel, Robert est devenu l'un des principaux développeurs et formateurs dans le champ de la PNL. Son organisme NLP University à Santa Cruz est l'un des instituts les plus connus et respectés en PNL. Steve est devenu une figure majeure dans le domaine de l'hypnose ericksonienne, et il a développé son propre travail connu sous le nom de « Self-Relations », les relations à soi.

Après avoir poursuivi nos carrières respectives pendant vingt-cinq ans, nous nous sommes retrouvés sur le plan professionnel en 1994 et avons commencé à créer ensemble des programmes explorant nos centres d'intérêt communs en intégrant nos développements et styles complémentaires. Notre première entreprise commune fut un programme intitulé « Love in the Face of Violence » (l'amour face à la violence). Il y en a eu d'autres, dont « Genius and the Generative Self » (le génie et le soi génératif) et « The Evolution of Consciousness and the Hero's Journey » (l'évolution de la conscience et le voyage du héros), devenu la base du livre que nous avons écrit ensemble : *Le Voyage du héros : Un Éveil à soi-même*.

Grâce à ces fréquentes collaborations génératives, nos approches complémentaires se sont intégrées l'une à l'autre et un nouvel ensemble de travaux communs en a émergé : le « Changement Génératif ».

LES TROIS BRANCHES DU COACHING GÉNÉRATIF

Dans ce chapitre, nous allons présenter un cadre qui définit ce que nous entendons par « Changement Génératif ». Le changement génératif est un vaste champ de travail qui comprend les trois branches de 1) la transe générative, 2) le coaching génératif, 3) le changement génératif dans les affaires. La transe générative résulte du travail que Stephen a effectué depuis quarante ans en intégrant l'hypnose ericksonienne à ses propres innovations. Le changement génératif dans les affaires est basé sur le travail de modélisation des facteurs de succès de Robert et ses développements en PNL depuis quarante ans et concerne la mise en œuvre du changement génératif pour les entrepreneurs, les entreprises, les organisations et le leadership.

Le coaching génératif est le fruit de notre collaboration, particulièrement ces quinze dernières années. Il concerne l'application du changement génératif au domaine du développement personnel par le coaching de vie et le coaching exécutif.

Les principes et processus du changement génératif fournissent une « structure profonde » qui peut avoir de nombreuses applications. Cette structure profonde du changement génératif peut s'appliquer à différentes « structures de surface », des problèmes et situations concernant le changement individuel, organisationnel et sociétal.

Nous allons commencer par une vue d'ensemble du modèle du changement génératif, puis dans les chapitres suivants entrer dans la manière dont nous l'appliquons spécifiquement au coaching, et le processus de coaching génératif en six étapes que nous avons développé.

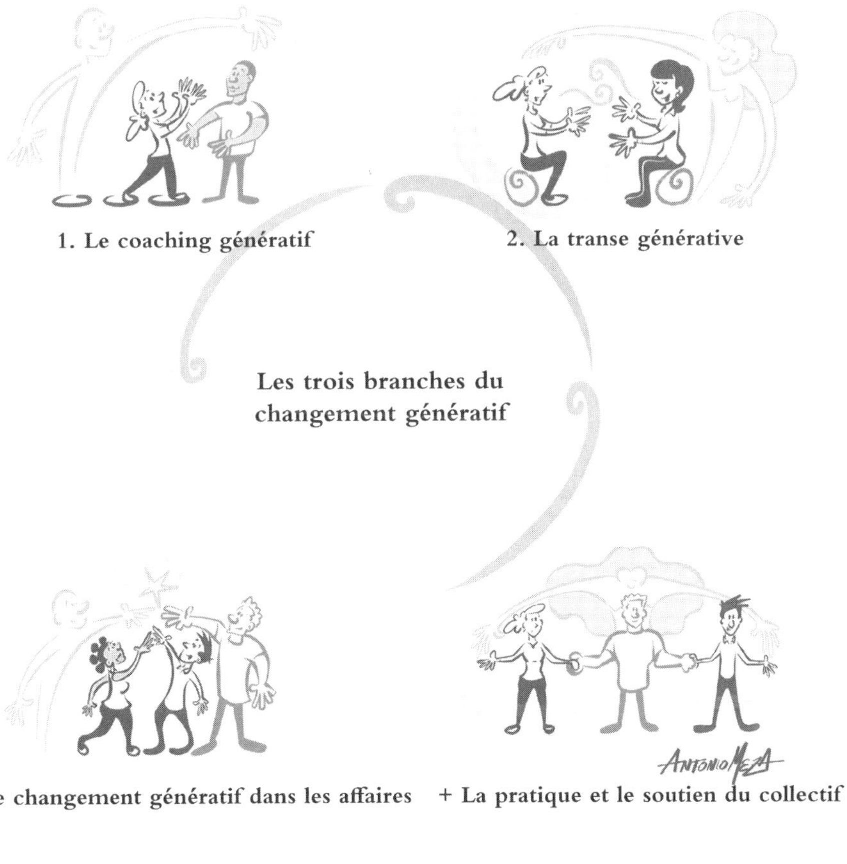

POUR UN NOUVEAU COMMENCEMENT

Avant d'entrer dans le vif du sujet, nous aimons tous les deux commencer nos présentations par un poème. Nous le faisons en partie pour honorer nos racines irlandaises, mais aussi pour souligner le fait qu'en créativité nous utilisons le langage poétiquement et musicalement au moins autant que littéralement. C'est-à-dire que nous cherchons à utiliser le langage pour ouvrir un espace qui inclut et néanmoins transcende en même temps les mots.

Le grand écrivain Emerson disait qu'en fait chaque mot est un « poème fossile ». Cela signifie que chaque mot contient une histoire. Puisque nous ne sommes pas les premiers à les prononcer, les mots que nous utilisons comportent des indices à propos de leurs origines et de leur évolution au fil du temps, comme des fossiles. Mais chaque mot est également un poème en cela qu'aucun n'est finalement littéral. Il a toujours d'autres dimensions de sens.

Le poème avec lequel nous souhaitons commencer est de John O'Donohue, un écrivain irlandais. O'Donohue est surtout connu pour son livre *Anam Cara*, le terme gaélique pour « l'ami de l'âme ». Mais il a écrit d'autres textes et celui-ci est extrait d'un livre de bénédictions qu'il a écrites, *Benedictus*. Le poème porte bien son nom : « Pour un nouveau commencement ».

For a New Beginning

In out-of-the-way places of the heart,
Where your thoughts never think to wander,
This beginning has been quietly forming,
Waiting until you were ready to emerge.
For a long time it has watched your desire,
Feeling the emptiness growing inside you,
Noticing how you willed yourself on,
Still unable to leave what you had outgrown.
It watched you play with the seduction of safety
And the gray promises that sameness whispered,
Heard the waves of turmoil rise and relent,
Wondered would you always live like this.
Then the delight, when your courage kindled,
And out you stepped onto new ground,
Your eyes young again with energy and dream,
A path of plenitude opening before you.
Though your destination is not yet clear
You can trust the promise of this opening;
Unfurl yourself into the grace of beginning
That is at one with your life's desire.
Awaken your spirit to adventure;
Hold nothing back, learn to find ease in risk;
Soon you will be home in a new rhythm,
For your soul senses the world that awaits you.

John O'Donohue

Pour un nouveau commencement
En des lieux reculés du cœur,
Où vos pensées n'imaginent jamais s'aventurer,
Ce commencement s'est discrètement développé,
Attendant pour émerger que vous soyez prêt.
Il a longtemps observé votre désir,
Sentant la vacuité se développer en vous,
Notant comment vous vous entêtiez,
Incapable encore de quitter ce que vous aviez dépassé.
Il vous a regardé jouer avec la séduction de la sécurité
Et les promesses grises chuchotées par la routine,
Il a entendu les vagues de la tourmente monter et se retirer,
S'est demandé si vous alliez toujours vivre ainsi.
Puis le bonheur, lorsque la flamme de votre courage s'est rallumée,
Et que vous vous êtes aventuré en terre inconnue,
Votre regard à nouveau brillant de jeunesse et de rêve,
Un chemin de plénitude s'ouvrant à vous.
Bien que votre destination ne soit pas encore claire
Vous pouvez vous fier à la promesse de cette ouverture ;
Vous déployer dans la grâce du commencement
Qui est à l'unisson de votre désir de vie.
Réveillez votre esprit aventurier ;
Lancez-vous sans retenue, prenez vos aises dans le risque ;
Bientôt vous serez chez vous dans un autre rythme,
Parce que votre âme perçoit le monde qui vous attend.

Ce poème capture beaucoup du voyage, des défis et des joies du changement génératif : le processus souvent inconscient qui le déclenche, le combat entre le désir de familiarité et de sécurité et le désir de croissance, l'énergie et l'expansion qui arrivent lorsque vous vous connectez à votre passion et votre motivation profondes, et l'excitation de concrétiser quelque chose de nouveau.

QU'EST-CE QUE LE CHANGEMENT GÉNÉRATIF, ET EN QUOI EST-CE IMPORTANT ?

S'il y a bien un mot qu'on peut utiliser pour décrire le changement génératif, c'est la *créativité*. Dans les années soixante, lorsque nous grandissions dans la baie de San Francisco, nous pensions que tout tournait autour de l'*amour*. Néanmoins, nous pensons maintenant que la créativité est encore plus importante que l'amour parce que ce n'est pas une chose que seulement quelques personnes spéciales pratiquent, mais c'est le cœur et l'âme de tout ce que nous considérons comme réalité dans le monde. Les neurosciences modernes ont établi que tout ce que nous connaissons, nous le créons. Ce qui amène donc la question : « que voulons-nous créer ? » Le travail sur le changement génératif apporte un support sur la façon de répondre à cette question et de mettre nos réponses en œuvre de façon sage et consciente.

La générativité est en fait un type spécial de créativité. De nombreux types de créativité consistent principalement à réorganiser ou améliorer progressivement quelque chose qui existe déjà. La générativité est une créativité par laquelle vous faites quelque chose de complètement nouveau, qui n'a jamais existé auparavant, c'est-à-dire « s'aventurer en terre inconnue » et là où « votre destination n'est pas encore claire » comme le décrit le poème.

Dans la vie de chaque système, chaque individu, chaque mariage, chaque famille, chaque culture, chaque entreprise, il y a des moments où ce que vous avez fait par le passé ne vous aidera pas à avancer vers le futur. Ce n'est pas le cas tous les jours. La plupart du temps, vous pouvez utiliser des variantes de ce qui a fonctionné par le passé. Toutefois, c'est souvent lorsque ce que les gens ont fait par le passé ne peut plus les aider au présent ni leur permettre de réaliser ce qu'ils veulent à l'avenir que nous intervenons dans leur vie, nous les praticiens du changement – coachs, consultants, thérapeutes.

Les gens utilisent parfois la métaphore de « ranger les chaises longues sur le pont du Titanic » pour exprimer l'inutilité d'un changement superficiel dans une situation critique. Ranger les chaises n'empêchera pas le bateau de heurter un iceberg et de couler. Il faut aller plus en profondeur pour faire un changement plus conséquent. En ce sens, la générativité concerne le changement profond. Il s'agit de changement des structures profondes. Vous pouvez faire preuve d'une créativité qui réarrange juste ce que vous savez déjà, mais pour nous le changement génératif est un profond changement qui modifie non seulement les fondements de ce que vous faites mais également la direction que vous cherchez à atteindre.

Encore une fois, vous pouvez vous y intéresser au niveau individuel ainsi que dans les petits et les grands systèmes. Je pense que la plupart d'entre nous seraient d'accord pour dire que les systèmes majeurs du monde d'aujourd'hui ont besoin d'un changement génératif. On ne parle pas de changement de « boutique » ou de choses qu'il serait plaisant d'ajouter à ce que nous faisons déjà, mais de choses critiques, en particulier pour la croissance fondamentale et la survie d'un système.

Les conditions qui requièrent un changement génératif peuvent être la croissance rapide dans un nouveau domaine, ou une crise où il est évident que ce qui fonctionnait avant ne donne plus de résultats et ne vous conduira pas à l'étape suivante. Ou bien une transition, une phase de profond changement, lorsque vous n'êtes plus dans ce que vous connaissiez mais pas encore arrivé à destination et que vous devez faire face à de nombreuses incertitudes, beaucoup de risques et de dangers potentiels. Ce sont quelques exemples de circonstances où nous avons besoin de changement génératif.

ÉLÉMENTS CLÉS DU TRAVAIL DE CHANGEMENT GÉNÉRATIF

Le travail de changement génératif comporte de nombreux éléments clés, notamment :

- L'importance d'un état génératif.
- Aller vers quelque chose de complètement nouveau – Les objectifs sont exprimés comme une intention positive, c'est-à-dire en termes de direction plutôt que de destination.
- Une relation générative : un champ de conversation où 1 plus 1 font 3 ou plus.
- L'importance de l'intelligence esthétique.
- L'approche pour gérer les influences « négatives » (Aïkido) – La non-violence créative.
- La pratique comme socle de vie consciente.

Le premier point sur lequel nous allons insister, c'est que la personne, le groupe ou le système doit être dans un ***état génératif*** pour aborder le changement génératif. Nous détaillerons ce que nous entendons par là plus loin dans ce chapitre.

Le second point consiste à ***poser les buts en termes d'intention***, et non sous forme d'objectifs clairement détaillés. Dans les périodes d'incertitude, on ne peut souvent pas connaître la destination ultime. On ne peut pas connaître les spécificités de l'objectif final. On sait seulement que : « Il faut que j'aille dans cette direction. L'état désiré est par là. »

C'est en partie lié au fait qu'il n'existe pas une seule carte qui décrive correctement la situation ou qui apporte la solution. Donc, pour générer quelque chose de nouveau, il faut travailler simultanément avec de nombreuses cartes contradictoires.

Cela nous amène à la notion de ce que nous appelons une ***relation générative***. Le socle de l'ensemble du travail génératif est que « un plus un ne font pas toujours deux ». Dans les bonnes conditions, cela peut faire trois, quatre, cinq ou plus. C'est en fait le sens implicite de « génératif ». L'interaction génère quelque chose au-delà des éléments impliqués.

Et pour établir une relation générative, nous devons être accordés à nos propres positions et points de vue, mais nous devons également être capables de nous accorder aux positions et perspectives des personnes avec lesquelles nous interagissons. Nous recherchons les différences, là où la conscience de l'autre possède une carte ou un point de vue différent de ceux de ma conscience. C'est en fait comme cela qu'on fait des bébés : « Un petit peu de celui-ci, un petit peu de celui-là ».

Le changement génératif exige que le système soit dans un état génératif.

C'est là qu'intervient l'importance de l'***intelligence esthétique***. Quand vous travaillez à identifier et intégrer ces différences, trop de l'un commence à devenir un problème. Cela crée du déséquilibre et de la dissonance. Nous cherchons donc à réunir de façon harmonieuse « un petit peu de l'un et un petit peu de l'autre ». C'est en continuant à interagir et combiner de cette façon que l'on crée une belle image ou une jolie musique.

Établir les buts sous forme d'intentions.

Voici quelques exemples de relations esthétiques : un excellent repas, un orchestre, une belle histoire, une équipe de sport gagnante, une équipe professionnelle de haute performance, une personne créative, une famille, une culture ou une communauté fonctionnelle. Dans chacun des cas il y a des différences, mais elles se complètent mutuellement dans un beau fonctionnement harmonieux.

Dans une relation générative, vous vous ajustez constamment l'un par rapport à l'autre pour produire quelque chose d'agréable sans avoir à éliminer une partie de vous-même. Ce faisant, vous constatez que vous vous êtes développé comme vous ne l'auriez pas cru possible avant la relation.

Vous grandissez à travers la relation. Les différences s'additionnent et s'élargissent. Ce n'est pas « OK, j'abandonne ceci et tu abandonnes cela. Comme ça, on pourra faire quelque chose. » Nous sommes pleinement dédiés à notre perspective, mais nous pouvons en inclure d'autres et élargir notre vision de ce qui est possible. C'est de cette façon qu'on obtient finalement quelque chose de nouveau et d'imprévisible.

elation générative : n plus un peuvent faire trois ou plus.

telligence esthétique (un peu de ceci et un peu de cela).

GÉRER LES OBSTACLES ET INTERFÉRENCES DE FAÇON GÉNÉRATIVE

La ***façon dont nous gérons les interférences potentiellement négatives***, qui viennent souvent des différences, est l'autre dynamique clé du changement génératif. Une personne (ou une partie d'une personne) veut aller par ici, et l'autre personne (ou partie) veut aller par là. Cela pourrait facilement devenir un problème, donc nous devons accueillir ces différences dans un champ créatif, un environnement créatif qui permette à toutes les parties d'évaluer ce qu'elles peuvent apporter au-delà d'elles-mêmes individuellement.

En d'autres termes, dans le changement génératif nous essayons de créer un espace dans lequel chaque élément du processus de changement – l'état présent, l'état désiré, les ressources et les obstacles – trouve sa place.

Nous allons constamment maintenir l'attention à cette relation positive aux obstacles en tant qu'éléments à part entière de tout changement porteur de sens, parce que nous considérons qu'il s'agit d'une des contributions uniques que le changement génératif apporte dans les domaines de la thérapie, du coaching et du consulting.

Cette approche des obstacles ne vient pas de nous. Notre enseignant commun Milton Erickson avait une capacité stupéfiante à accueillir ces étranges schémas perturbants puis à interagir avec eux pour les transformer en ressources sous nos yeux.

Steve a pratiqué l'aïkido (art martial japonais) pendant seize ans et a exploré inlassablement la façon de réagir lorsqu'on reçoit une énergie dérangeante et apparemment négative. Notre réaction automatique de combattre ou fuir crée généralement plus d'agression, de haine et de négativité. Dans le changement génératif nous explorons ce qui se passe si les deux polarités peuvent rester ancrées et « faire des petits » ensemble.

Le postulat qu'« Une réaction particulière n'est en fait ni bonne ni mauvaise, ni dangereuse ou inoffensive. C'est la façon dont on y répond qui l'oriente d'un côté ou de l'autre, et il y a des milliers de façons de le faire » constitue l'un des principes de base du changement génératif. C'est l'un des sujets de la générativité. Comment puis-je modifier ma relation à ce qui est là pour obtenir quelque chose de différent, de mieux ou nouveau ?

Finalement, cette expérience émerge de la connexion relationnelle entre les parties ou les éléments du système concerné. Dans des pratiques telles que l'aïkido, la question devient : « Lorsque je rencontre cette énergie difficile de telle façon, comment est-ce que je me sens à propos de moi-même, à propos de l'autre, et à propos de nous ? »

Dans le changement génératif, nous accueillons nos différences dans un champ créatif pour découvrir et apprécier nos complémentarités génératives.

Dans le changement génératif, nous considérons chaque réponse particulière comme l'une des nombreuses expressions possibles d'une structure fondamentale profonde. Et c'est la façon dont nous accueillons et interagissons avec cette réponse qui détermine parmi toutes les expressions possibles celle qui va émerger.

LA CRÉATIVITÉ EN TANT QU'INTERACTION ENTRE LE « CHAMP QUANTIQUE » ET LE « MONDE CLASSIQUE »

On peut en parler en termes de dynamique entre le « monde quantique » et le « monde classique » en physique. Le monde quantique est par essence un champ de possibilités infinies, toutes les formes qu'une chose pourrait prendre. Le monde classique est fait d'une expression persistante et concrète de l'une de ces possibilités. Le champ quantique contient des possibilités infinies. Le monde classique choisit une réalité.

Tout processus créatif commence typiquement dans ce champ quantique, non classique, non physique. Pour avoir des exemples de ce à quoi un champ quantique pourrait ressembler, observez les peintures de Monet ou regardez comment on fait des IRM fonctionnelles. Les IRM sont des images du cerveau : on prend de multiples images sous différents angles et on en dépose peut-être vingt-cinq dans un espace commun ; de là on crée une sorte de structure profonde ou d'archétype qui représente le schéma profond.

En pratique, cela signifie que si Robert se montre agressif et que Steve répond « c'est un sale p★★ain de con★★rd », l'agression de Robert va probablement dégénérer et finir sous une forme assez violente. Et Steve conclurait « Il faut le mettre sous traitement » ou « Il faut mettre sa colère sous contrôle ». Il penserait que ce schéma est juste de la colère négative.

Dans le changement génératif, nous cherchons à créer cet espace de travail où l'on peut voir que chaque expression contient d'infinies possibilités. Pour ce faire, nous devons sortir du monde classique où l'onde quantique s'est effondrée en une expression spécifique pour revenir dans l'« océan des possibilités infinies ». Et nous réalisons alors que cette colère est un potentiel pour beaucoup de formes d'expressions concrètes différentes.

C'est ce que nous entendons par état génératif, auquel on peut accéder de différentes façons. Le chamanisme, la pleine conscience, l'autohypnose, le state-management, etc., sont tous des modalités qui nous aident à ramener une expression particulière dans un espace recelant de nombreuses possibilités. Une fois dans cet état de possibilités multiples, on peut se réengager dans la réponse et aider à lui donner une forme plus harmonieuse, et qui sert encore mieux son intention positive.

Par exemple, la colère peut avoir l'intention positive de poser une limite, de protéger quelque chose ou de poser un acte décisif. Plutôt que de s'exprimer par des cris ou de la violence physique, la même intention pourrait s'exprimer en prenant un engagement ferme, en faisant un acte héroïque ou une protestation pacifique.

Nous pouvons résumer cette dynamique de la façon suivante :

Postulat I : la créativité est une conversation.

1. Cette conversation a lieu entre l'inconscient créatif (*quantum*) et le monde conscient (*classique*).

2. L'inconscient créatif est un champ d'ondes holographiques qui contient d'« infinies possibilités ».

3. L'esprit conscient « effondre l'onde quantique » pour créer une réalité.

4. La créativité oscille entre ces deux mondes, chacun complète l'autre.

L'une des fonctions principales d'un état génératif est de passer d'un espace où il n'existe qu'une seule signification et une seule possibilité à un espace dans lequel ce qui arrive vibre et résonne et où nous pouvons lui trouver de nombreuses expressions et significations. C'est la première étape de notre processus créatif – accéder à cet état ouvert d'où nous pouvons accueillir ce qui vient non pas comme quelque chose de fixe et négatif qu'il faut combattre ou supprimer, mais comme un schéma qui a le potentiel d'être de nombreuses choses différentes, si nous pouvons juste créer les conditions adaptées pour l'accueillir.

À titre d'exemple, nous pouvons considérer un nouveau-né comme un individu dans un état quantique parce qu'il a tellement de possibilités à exprimer. Du point de vue de la PNL, le bébé commence à développer certains « programmes neurolinguistiques » de par ses interactions avec les membres de la famille, les amis, les enseignants, l'exposition aux médias, etc., qui commencent à filtrer les possibilités pour en exclure certaines et en accentuer d'autres. Au cours de la programmation par nos familles, notre éducation, notre culture et les médias, au lieu de disposer de toutes nos possibilités nous n'en avons qu'une gamme limitée.

Un bon exemple de ce phénomène est l'étude qui a été faite sur l'observation du nombre de mouvements que fait une personne en une heure. Les observateurs ont noté qu'en regardant un bébé de six mois, on voit environ un millier de mouvements différents en une heure – de la tête, des bras, des jambes, des doigts, du visage, etc.

Mais si on observe le même enfant à dix ans pendant une heure, on ne voit plus ce millier de mouvements discrets. On en retrouve au plus quelques centaines. Bien sûr, l'enfant est devenu plus efficient, il est plus structuré dans ce qu'il fait, d'une certaine façon plus efficace. Mais il a aussi beaucoup perdu en flexibilité.

Si vous prenez la même personne à trente ans, vous aurez peut-être la chance de voir une centaine de mouvements. Donc nous commençons à limiter ces possibilités quantiques. D'un côté cela nous permet de réaliser des choses plus facilement et plus efficacement, mais dans les périodes de changement dont nous parlons, dans ces moments de crise, de croissance, de transition, ces schémas familiers ne nous aident plus. Et si nous ne pouvons pas revenir à cet état quantique de nombreuses possibilités, alors nous sommes de plus en plus limités. Nous pouvons nous retrouver bloqués dans la rigidité.

LA CRÉATIVITÉ EST UNE FONCTION DE L'ÉTAT DE NOS FILTRES

Dans notre travail sur le changement génératif, nous parlons de trois types de filtres généraux. C'est finalement une application du mystère de la « Sainte Trinité » avec lequel nous avons grandi tous les deux dans le cadre de notre éducation catholique. Steve a été renvoyé du lycée jésuite pour avoir questionné le mystère de la Trinité. Donc c'est bon d'avoir une application pratique : « Au nom du champ cognitif, somatique et sacré, amen. ».

Mais sérieusement, nous affirmons que la « lumière » de l'« océan quantique de possibilités » passe à travers ces filtres. La façon dont ils sont réglés projette la réalité que nous percevons et à laquelle nous réagissons. Steve a fait son mémoire de psychologie à l'Université de Standford sur l'école de Palo Alto et réalisé une trentaine d'expériences sur cinq ans sur ce que l'on appelle l'« apprentissage et la mémoire dépendant de l'état ». Sous hypnose, Steve entraînait les gens à entrer dans certains états émotionnels tels que la tristesse, la colère ou la joie et étudiait ensuite la façon dont ces états émotionnels influençaient différents processus cognitifs tels que la remémoration d'expériences de l'enfance.

Il a constaté que lorsque les gens sont dans un état de tristesse ils retrouvent principalement des souvenirs tristes. Mais en amenant les mêmes personnes dans un état joyeux, leurs souvenirs d'enfance sont qualitativement différents. Le type de futur qu'ils imaginent est qualitativement différent selon qu'ils sont dans un état triste ou joyeux. Ils remarquent des choses différentes dans le monde et en tirent des interprétations différentes.

C'est un exemple de la profonde influence de nos filtres de perception. La psychologie est fondamentalement l'étude de ces filtres. Le changement génératif concerne la façon de les utiliser pour créer de nouvelles possibilités.

Le prisme est un bon symbole de l'influence de la filtration. Si vous diffusez de la lumière blanche à travers un prisme, il divise le « quantum potentiel » en couleurs séparées, distinctes. Vous pouvez mettre différents filtres sur la lumière blanche de façon à ne faire apparaître que certaines couleurs. Si vous n'avez pas conscience du filtre, vous finissez par penser que le monde entier est ainsi.

Par analogie, si le filtre ne laisse passer que le spectre de la lumière bleue, tout ce que nous voyons est bleu (par exemple la tristesse). Le filtre peut ne laisser passer que le rouge (par exemple la colère) : nous ne percevons alors que ce qui nous irrite et nous met en colère.

Dans notre travail sur le changement génératif, nous disons que tout commence par l'état de nos filtres.

Nous pouvons résumer l'influence de nos filtres de la façon suivante :

Postulat 2 : La construction de la réalité s'opère au travers de filtres.

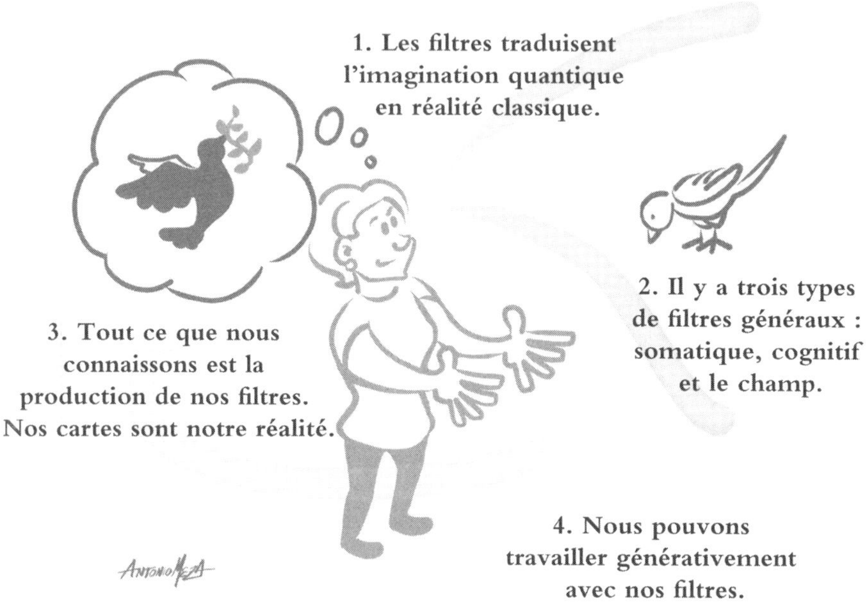

ÉTAT CRASH VERSUS ÉTAT COACH : L'ÉTAT DE NOS FILTRES EST DÉTERMINÉ PAR NOTRE DEGRÉ DE PRÉSENCE ET DE PLEINE CONSCIENCE

Ce qui détermine l'état des filtres est la qualité de la présence humaine qui les porte. Vous pouvez les tenir sans conscience de façon bridée, ou vous pouvez les porter dans un état de flow créatif.

En fait, vous portez une série de filtres à l'intérieur d'un autre jeu de filtres plus fondamentaux. C'est la notion de ce que nous appelons COACH versus CRASH. Quand mes filtres cognitifs et somatiques sont portés par un état de pleine conscience ouvert, je perçois de nombreuses possibilités. Si les mêmes filtres sont portés par un état réactif sans conscience, je perçois peu d'alternatives.

Nous appelons cet état réactif sans conscience « CRASH » : **C**ontracté, **R**éactif, **A**nalyse paralysante, **S**éparé et isolé, **H**ostile, haineux et blessé. Combien d'entre vous ont-ils déjà ressenti ce type d'état ? C'est généralement le grand coupable lorsque les gens sont coincés dans les problèmes.

Autre nom pour l'état CRASH : le blocage neuromusculaire. Dans cet état, les seules réponses qui nous semblent accessibles sont des stratégies fondamentales de survie telles que l'attaque, la fuite, la sidération ou l'effondrement.

Par analogie, si vous réglez les filtres optiques sur le spectre du bleu et que vous demandez à l'appareil de chercher du rouge, il ne le trouvera jamais. L'état de vos filtres détermine ce qu'il vous est possible de percevoir, et ce que vous percevez comme possible.

Répétons ce point : l'état de vos filtres détermine ce qui est possible pour vous. Donc si vous obtenez constamment le même résultat indésirable dans un domaine de votre vie, cela vous donne une indication sur l'état de vos filtres. L'univers lui-même change constamment. C'est donc l'état de vos filtres qui crée la même réalité encore et encore. C'est du côté de vos filtres qu'il faut chercher.

Pour ce faire, vous devez vous accorder en pleine conscience à l'espace de vos pensées, à la conscience de votre corps et la conscience de vos relations. Nous réalisons cela par ce que nous appelons l'état COACH : **C**entré dans votre corps, **O**uvert de cœur et d'esprit, **A**lerte et éveillé à vous-même et aux autres, **C**onnecté à vos ressources et aux autres, et **H**ospitalier, prêt à accueillir ce qui vient depuis un état de curiosité et de ressources.

Postulat 3 : les filtres sont portés par la conscience humaine, « conscient ou inconscient ».

État CRASH

Lorsque les filtres sont portés sans conscience en état de blocage neuromusculaire – combattre, fuir, se figer, s'effondrer – les problèmes se développent et se répètent.

Contracté

Réactif

Analyse paralysante

Séparé

Hostile, haineux, blessé

État COACH

Lorsque les filtres sont portés en conscience dans un flux créatif, les solutions et les nouveaux apprentissages sont possibles.

Centré

Ouvert

Alerte, conscient

Connecté

Hospitalier

Nelson Mandela est un magnifique exemple d'une personne capable de vivre depuis un état COACH entretenu et le potentiel de changement que cela crée. Imaginez seulement ce qu'il a enduré : plus de trente ans de prison, la torture, et voir les siens subir des épreuves extrêmes. Pensez-vous que vous pourriez ressembler à la personne sur cette photo après cela ? Que faisait-il donc qui lui permettait de retrouver et entretenir cet état positif dans des conditions aussi difficiles ? C'est l'une de nos questions pratiques.

La première clé consiste à être **C**entré dans son corps. Descendre en dessous de votre mental cognitif et verbal. Cela vous aide à vous connecter à quelque chose de plus profond que votre programmation mentale et l'état limité de vos filtres. Vous vous centrez en dessous.

On peut alors s'ouvrir *au-delà* d'eux. Le **O** de l'état COACH concerne l'ouverture de votre esprit et de votre cœur à un espace de possibilités plus vaste. L'important, toutefois, est de vous ouvrir depuis votre centre.

Le **A** pour Alerte porte sur la conscience. Pour rester présent et attentif, nous avons besoin d'une pleine conscience toujours plus nuancée et d'une plus grande conscience de soi. Bien souvent, nous ne sommes pas conscients de l'état de nos propres filtres, particulièrement lorsque nous sommes en état CRASH. Cela demande une grande pratique. C'est l'une des raisons pour lesquelles nous avons parfois besoin d'un coach – pour nous donner du feed-back sur l'état de nos filtres pour que nous devenions plus conscients et capables de les ajuster si nécessaire.

Le deuxième **C** de l'état COACH s'intéresse à notre niveau de connexion à nous-mêmes – tête, cœur, ventre, corps, émotions, intellect, etc., aux autres et aux ressources en dehors de nous-mêmes. Dès l'instant où nous sommes déconnectés, nous sommes « hors ligne ».

Le **H** de COACH se réfère à la capacité de se montrer « hospitalier », d'accueillir et

contenir ce qui arrive et ce que nous ressentons avec curiosité, ressources, et un état d'esprit avenant. Nous pouvons illustrer et comprendre ce que nous voulons dire par « hospitalier » par le schéma suivant d'un petit cercle à l'intérieur d'un grand cercle.

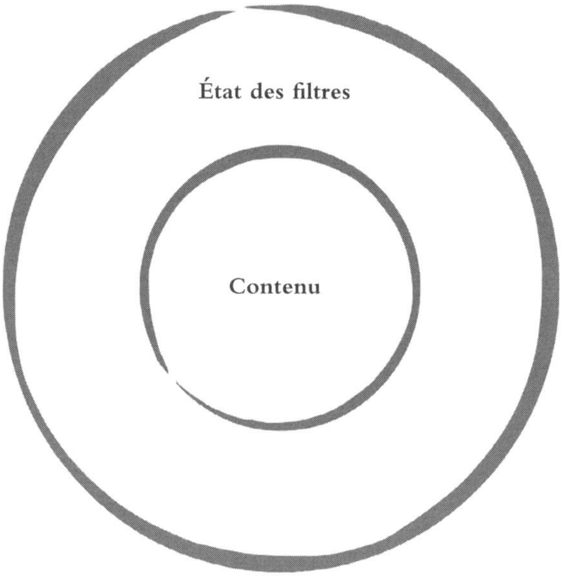

Le plus grand cercle représente l'état des filtres à travers lesquels le contenu est perçu et traité. La façon dont le contenu est porté va déterminer notre relation avec lui et la façon dont il est perçu et exprimé. Lorsqu'un contenu particulier est porté dans un état de CRASH il sera probablement perçu et exprimé comme quelque chose de difficile, dangereux et problématique. Si le même contenu est porté avec les filtres de l'état COACH, il sera plus probablement perçu et exprimé d'une façon productive et pleine de ressources.

Voici l'un des postulats les plus fondamentaux du changement génératif : tout contenu (émotion, comportement, symptôme, relation, situation, etc.) peut être positif ou négatif, aidant ou nuisible, utile ou problématique selon l'état de vos filtres et la relation que vous avez avec ce contenu. Si je traite quelque chose comme un problème, alors ce sera un problème. Si je traite la même chose comme une opportunité, alors ce sera une opportunité.

À noter que Robert et sa femme Deborah ont trouvé les acronymes de COACH et CRASH un matin en 2009 alors qu'ils travaillaient sur une dynamique particulièrement difficile dans leur relation. Les acronymes les ont tous deux aidés à se remémorer de revenir à un état de ressource lorsque la situation devient particulièrement difficile. (Ils pratiquent encore à ce jour.)

LES ÉTAPES DE BASE DU CHANGEMENT GÉNÉRATIF

La question pratique est donc : « Comment puis-je garder mes filtres dans un état COACH génératif, quoi qu'il arrive ? » Apprendre à répondre à cette question constitue une partie essentielle des trois branches du changement génératif – la transe générative, le coaching génératif et le consulting génératif. Elles partagent une structure profonde commune, et des étapes de cheminement communes. Cette structure profonde peut être adaptée à de nombreux contextes différents.

1. La première étape implique de « faire le vide » ou ***nettoyer le canal***. La recherche sur la créativité montre qu'une part importante du processus créatif consiste souvent à prendre un temps de repos, aller marcher et arrêter de

1. Nettover le canal

penser au problème. C'est habituellement à ce moment que les nouvelles idées apparaissent. Il y a un consensus parmi les chercheurs sur la créativité sur le fait qu'il s'agit de relâcher toutes les mauvaises réponses. C'est un processus de lâcher prise pour laisser venir quelque chose de nouveau.

Donc si vous voulez vous engager dans un type de travail de changement génératif, la première chose à faire avant de commencer à parler du problème, de l'état désiré ou de la solution potentielle, c'est d'ouvrir vos filtres et vous connecter au meilleur de vous-même et à ce que nous avons appelé le « champ quantique » des possibilités infinies. Pour le dire simplement, vous devez faire le vide, ouvrir le canal et « nettoyer le mécanisme ». Cela signifie en fait de mettre tout le monde en état COACH. C'est toujours la première étape.

2. Poser une intention positive

2. Ensuite, vous allez diriger cette connexion à vous-même, aux autres et au champ des possibilités infinies vers un but – ce que nous appelons une ***intention positive***. Nous posons la question : « Quel futur attend d'être créé à travers vous ? » Et comme nous l'avons souligné, en changement génératif on ne peut pas savoir au départ quelle sera l'expression finale concrète de cette intention. L'important est d'être clair sur la direction, même si on ne sait pas précisément à quoi la destination ressemblera.

3. Entrer dans un état de performance générative

3. Une fois que vous avez ouvert vos filtres et que vous êtes orienté vers une intention positive, la troisième étape est de vous mettre dans ce que nous appelons un ***état de performance générative***. Pour ce faire,

on répond à la question « Quel serait mon meilleur état de performance pour avancer dans le monde et concrétiser cette intention ? »

La différence entre l'état COACH et ce que nous appelons l'état de performance générative, c'est qu'en plus de la connexion à vous-même et à votre centre vous ajoutez une deuxième connexion à une direction particulière ou « intention ». Pour atteindre pleinement l'état génératif, vous ajoutez une troisième connexion à des parties spécifiques de votre vaste « champ de ressources ». Il peut s'agir de ce vous avez appris ou reçu de vos enseignants, mentors, famille, ancêtres, de la nature, etc. L'objectif de l'état génératif est de diriger, ouvrir et ajuster mes filtres pour amener mon intention positive à une expression concrète.

Dans le travail de changement génératif, ces trois premières étapes sont les préliminaires au passage à l'action, avant de répondre à la question « Que faire ? » En général, lorsque les gens viennent vers vous pour du conseil, du coaching ou de la thérapie, ils demandent désespérément « Que faire ? Que faire ? Que faire ? Que faire ? » Et votre première réaction est habituellement de vous demander immédiatement « Que faire ? Que faire ? Que faire ? Que faire ? Que faire ? » Et notre réponse sincère, c'est : « rien », du moins dans un premier temps. Avant de passer à l'action, vous devez faire le vide et vous mettre au clair avec la direction que votre client veut réellement prendre. Ensuite vous devez vous organiser pour vous mettre, vous-même et toutes les personnes impliquées, dans un état créatif.

4. De là, vous pouvez passer à la quatrième étape du processus de changement génératif : ***explorer comment aller de l'état présent à l'état désiré.*** Les recherches sur la créativité et le flux (ou *flow* en anglais) montrent clairement que vous devez procéder par petites étapes. Si vous avez seulement un gros objectif, c'est trop gros, trop vague, trop écrasant et cela ne se produira pas. Vous devez

4. Découper le chemin en étapes

le découper et l'organiser sur une ligne du temps. Nous réfléchissons à « Quelles seraient les étapes concrètes à réaliser pour atteindre cette intention ? »

5. Transformer les obstacles

5. C'est à ce moment (bien que cela puisse se produire à tout moment du processus) que l'étape cinq arrive, que vous le vouliez ou non. ***Vous commencez à vous confronter aux inévitables obstacles externes et internes***. Dès que vous pensez « OK, je vais avancer vers cette intention avec confiance », toutes ces présences internes et externes s'activent presque immédiatement pour vous dire « Non, tu ne vas pas le faire. », « Tu es stupide. », « Tu es fou. », « Tu ne peux pas. », « Mais pour qui tu te prends ? », « Est-ce que tu as un permis pour ça ? », « Ça va te coûter trop cher. »

Comme nous l'avons souligné, c'est l'une des étapes les plus importantes du changement génératif. En général, vous pouvez voir les obstacles internes s'activer dans les cinq secondes après qu'une personne ait exprimé un objectif. Dès que la personne exprime « Voilà ce que je veux », dans les cinq secondes quelque chose à l'intérieur dit « Non, tu ne peux pas l'avoir ».

C'est une expression de l'un des principes les plus fondamentaux de notre travail sur le changement génératif : « chaque chose contient son opposé ». Dès que je dis que je veux plus de bonheur, l'opposé commence à émerger. Toutes les expériences et lieux de tristesse et de chagrin commencent à apparaître. Isaac Newton a affirmé que « pour chaque action, il y a une réaction égale et opposée ». C'est également vrai sur le plan psychologique. Pour chaque objectif il y aura des obstacles égaux et opposés. Nous aimons dire « plus la lumière brille, plus l'ombre est sombre ». Plus l'objectif est grand, plus les « démons » qui vont venir vous arrêter seront gros.

Le plus important lorsque les obstacles apparaissent est de rester dans l'état COACH et génératif. La réaction naturelle est de commencer à entrer dans une forme de CRASH (attaque, fuite, sidération, abandon). Rester dans un état génératif plein de ressources demande de l'entraînement et de la pratique. L'une des pratiques les plus importantes de Steve en aïkido pendant seize ans consistait à se détendre et laisser passer l'énergie de son adversaire à travers lui pour l'envoyer à la terre dès le contact. Cela permet une relation COACH experte à ce qui entre dans le système. Si vous tombez en état CRASH à cet instant, le système va également au CRASH.

C'est là que le maintien de la connexion avec le champ quantique des possibilités intervient. L'obstacle se présente sous une forme donnée. Si nous pouvons le rencontrer, l'accueillir (l'<u>H</u>ospitalité de l'état COAC<u>H</u>) et l'amener dans un état « vibrant » de possibilités, alors nous pouvons réellement commencer à transformer son expression. C'est la notion de « transformer l'obstacle ». Ce qui apparaît comme un obstacle ou une interférence prend une forme différente qui peut devenir un gardien ou un guide par certains aspects.

6. Comme nous l'avons souligné, faire tout cela demande de l'entraînement. La sixième étape du processus de changement génératif implique d'***établir des pratiques régulières*** qui vont soutenir votre élan vers votre intention et approfondir le changement que vous vous efforcez de réaliser. Les pratiques sont des activités répétées qui renforcent et enrichissent votre progression vers la réalisation de votre intention positive.

6. Établir des pratiques durables

Dans les prochains chapitres nous explorerons comment appliquer les principes et processus du changement génératif spécifiquement au coaching.

We are messengers

We may leave our footprints
on the earth,
but we walk in heaven.
Our light shines beyond
our own vision,
our words sink deeper
than our own wisdom
We teach
what we have lived before
does not determine
what we can become
And we follow
a simple truth
of the heart:
What we see in others
we awaken in ourselves
We become
what we give
to the world.
Nick LeForce

Nous sommes des messagers

Nous pouvons laisser nos empreintes
Sur la terre,
Mais nous marchons dans les cieux.
Notre lumière brille au-delà
De notre vision personnelle,
Nos paroles pénètrent plus profondément
Que notre sagesse.
Nous enseignons
Ce que nous avons vécu auparavant
Ne détermine pas
Ce que nous pouvons devenir
Et nous suivons
Une simple vérité
Du cœur :
Ce que nous voyons chez les autres
Nous l'éveillons en nous-mêmes
Nous devenons
Ce que nous donnons
Au monde.

2

INTRODUCTION AU COACHING GÉNÉRATIF

DANS LE CHAPITRE PRÉCÉDENT, nous avons posé les bases de la structure profonde de tout travail de changement génératif. Dans ce chapitre, nous allons donner un aperçu de la façon dont nous appliquons cette structure profonde au processus de coaching. Bien que la transe générative, le coaching génératif et le changement génératif des affaires partagent tous le même schéma de base, il y a des différences dans la façon dont la structure profonde est mise en œuvre et où l'attention est dirigée.

Commençons par aller voir comment ce que nous appelons le « coaching » s'est développé.

HISTOIRE DU COACHING

En général, le coaching est le processus qui consiste à aider les personnes et les équipes à travailler au meilleur de leurs capacités. Cela implique de faire ressortir leurs points forts, les aider à dépasser leurs barrières et limites personnelles pour être au meilleur d'eux-mêmes, et de faciliter leur efficience en équipe. Un coaching efficace doit donc mettre l'accent à la fois sur les tâches et sur les relations.

Le coaching traditionnel se concentre sur la définition et la réalisation d'objectifs spécifiques. Les méthodes de coaching sont plus orientées vers les résultats que vers les problèmes. Elles tendent à être fortement orientées solutions, en impulsant le développement de stratégies de réflexion et d'action efficaces plutôt que de tenter de résoudre des problèmes et dépasser les conflits. La résolution de problèmes, ou le changement de remédiation, est plus associée au conseil et à la thérapie.

De manière intéressante, le mot « coach » vient du nom d'un petit village hongrois, *Kocs*, où l'on fabriquait des chariots, des charrettes et des diligences de qualité supérieure aux XVIe et XVIIe siècles. Kocs se trouve sur la route principale le long du Danube entre Vienne et Budapest. Ces deux grandes villes avaient besoin de véhicules rapides bien construits et capables de transporter plus de deux personnes aussi confortablement que possible sur les routes pleines d'ornières de l'époque. Un de ces meilleurs chariots à plusieurs chevaux – une voiture à quatre roues légère avec une suspension à sangles, assez confortable – était appelée en hongrois *kocsi szekér*, littéralement « une voiture de Kocs ». Elle était si compacte, élégante et robuste que le modèle s'est répandu en Europe. Les viennois l'ont appelé *Kutsche* d'après le nom de la ville. À Paris, les Français ont adapté le mot autrichien : coche. À Rome, il est devenu cocchio. Le véhicule est finalement arrivé en Angleterre où il a été appelé *coach*.

Un « coach » est un véhicule qui transporte des personnes d'un état présent à un état désiré.

À l'origine, le coach signifie « wagon » ou « voiture » et conserve cette signification aujourd'hui – en anglais la classe économique dans les transports se dit « coach class ». Un coach est littéralement *un véhicule qui transporte une personne ou un groupe d'un point de départ à la destination souhaitée*.

Par exemple, nous prenons souvent l'Eurostar pour voyager de Paris à Londres. La dernière fois que nous avons pris le train, on nous a attribué des places pour la voiture 13 - coach 13 en anglais. Nous avons pensé « Oh là, nous allons être coachés pendant tout le trajet ! » Mais évidemment, il ne s'agissait pas d'une personne. Littéralement, le « coach » dans ce contexte désignait une partie du véhicule qui nous transportait d'un point à un autre.

LE DÉVELOPPEMENT DU COACHING TRADITIONNEL

La notion de coaching au sens éducationnel dérive du concept que le tuteur « déplace » ou « transporte » l'étudiant vers la réussite de ses examens. Un coach éducatif est défini comme un « tuteur privé », « quelqu'un qui instruit ou entraîne un exécutant ou une équipe », ou « quelqu'un qui instruit les joueurs sur les bases d'un sport compétitif et dirige la stratégie d'équipe ». Le processus d'être coach est défini comme « entraîner intensément (par les instructions et les démonstrations) ».

En sport, le coach accompagne et observe les athlètes lorsqu'ils pratiquent, en leur distribuant des encouragements et des conseils pour qu'ils donnent le meilleur d'eux-mêmes. Par exemple, le chef de nage (« rowing coach ») se trouve dans le bateau près des rameurs. Il observe les rameurs et dirige leur attention sur différents aspects de leurs performances individuelles et collectives en donnant des indications comme « regarde les genoux de la personne devant toi », « ouvre ta cage thoracique et garde les épaules fortes et souples ».

Le chef de nage se nomme « *rowing coach* » en anglais (le coach des rameurs).

Dans un certain sens, la relation au coach est le véhicule qui transporte le client à l'état désiré. Et une bonne partie de l'attention porte sur le passage à l'action. Le coaching sportif, le coaching de la voix, le coaching théâtral, etc., sont tous dirigés vers des activités comportementales spécifiques. Un coach de la voix vous aide à mieux placer votre voix, un coach de baseball vous aide à améliorer votre technique pour frapper la balle, et ainsi de suite.

Le coaching consiste donc à fournir un véhicule qui permet à une personne ou un groupe d'aller de leur *état présent* à leur *état désiré* en suivant si possible le *chemin* le plus efficient et efficace. Pour accomplir ce voyage, il faut identifier et mettre en place les ressources clés, et identifier et gérer les *interférences* de façon adaptée. Nous pouvons résumer le processus de base du coaching par le schéma suivant.

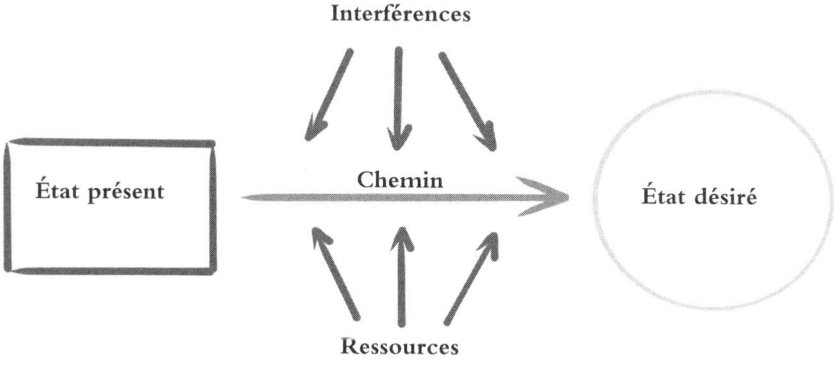

Schéma du processus général de coaching

LE COACHING AVEC UN « C » MAJUSCULE ET LE COACHING AVEC UN « C » MINUSCULE

Historiquement, le coaching s'est principalement focalisé sur l'amélioration de performances comportementales spécifiques. Un bon coach de ce type (tel que coach de la voix, coach de théâtre ou de baseball) observe le comportement d'une personne et lui donne des conseils et des directives sur la façon de s'améliorer dans des contextes et situations spécifiques.

Cela implique d'encourager le développement des compétences comportementales de la personne par une observation et des retours rigoureux.

En revanche, le coaching qui accompagne le changement génératif doit apporter du soutien à de nombreux niveaux : comportements, capacités, croyances, valeurs, et même identité. Nous parlons de ce type de coaching comme du Coaching avec un « C » majuscule (voir : *Être Coach : De la recherche de la performance à l'éveil*).

Le coaching avec un petit « c » se concentre plutôt sur le niveau comportemental, le processus consistant à aider une autre personne à réussir ou améliorer une performance comportementale particulière. Les méthodes du coaching avec un petit « c » dérivent au départ du modèle de l'entraînement sportif qui favorise l'acuité de la conscience des ressources et des compétences, et le développement de la compétence consciente.

Le Coaching avec un grand « C », ou Coaching Génératif, implique d'aider les gens à atteindre des objectifs sur un éventail de niveaux. Il met l'accent sur le changement génératif, se concentre sur le renforcement de l'identité et des valeurs, et accompagne à concrétiser les rêves et les objectifs. Il inclut les compétences du coaching avec un petit « c », mais aussi bien plus.

On peut donc dire que le coaching génératif est une forme de coaching avec un grand « C ». Au lieu de se focaliser sur une catégorie spécifique de comportements, nous portons notre attention sur « Que voulez par-dessus tout créer dans votre vie ? » Et ensuite « Comment allez-vous créer cela ? » De nouveau, il s'agit du mouvement de sortir quelque chose du champ quantique des possibilités pour le mettre concrètement en action.

En fait, pour nous le coaching génératif ouvre la voie à une nouvelle génération de travail sur le changement.

LES TROIS GÉNÉRATIONS DU TRAVAIL DE DÉVELOPPEMENT PERSONNEL

Si l'on regarde l'histoire du développement personnel et du travail sur le changement, on peut dire que la thérapie traditionnelle constitue la première génération. Lorsque nous (Robert et Stephen) avons commencé à nous impliquer dans le développement de la PNL au milieu des années soixante-dix, il n'existait pas de champs formalisés de coaching de vie ou de coaching exécutif. Si on voulait s'orienter vers le domaine du développement personnel, on devait se former à une méthode de thérapie. Et cela signifiait traditionnellement que quelqu'un faisait quelque chose à quelqu'un d'autre qui n'était pas capable de le faire pour lui-même, ou qui avait un problème, ou qui était « cassé ». Le thérapeute avait les réponses et les outils – le client n'était guère plus qu'un receveur.

Pour être honnête, il y a eu dans les années cinquante un mouvement de distanciation de ce type de thérapie, avec des gens comme Carl Rogers ou Jean Houston en psychologie humaniste, ou Virginia Satir et Milton Erickson dans des approches plus systémiques de la thérapie. Il y a eu aussi tous les évènements qui se sont produits dans les années soixante en Californie. Par exemple à Esalen, qui se trouve à une heure et demie au sud de Santa Cruz, les rencontres thérapeutiques se faisaient dans des sources thermales chaudes.

Donc il y a bien eu ce mouvement pour accompagner les gens dans leur croissance et leur développement de façon non pathologisante. Mais c'était un peu décousu. Puis dans les années quatre-vingt cela a commencé à se cristalliser autour de l'idée du coaching. C'était un mouvement de bascule depuis une orientation problème-symptôme autoritaire et tournée vers le passé à une orientation solution, collaborative et centrée sur le futur. Le mouvement a commencé avec le développement de choses comme la thérapie orientée solutions. Puis, dans le coaching, on est passé de « trouver des solutions » pour aller plus loin à « atteindre des objectifs désirés ». Il n'est pas question de se focaliser sur les problèmes. Les questions sont : « Où voulez-vous aller ? » et « Quelles sont les étapes pour y arriver ? »

L'approche du coaching traditionnelle est toutefois limitée par sa tendance à être trop social-cognitif-verbal, trop cerveau gauche. Il se focalise presque exclusivement sur ce que nous appelons le « monde classique ». Nous appelons donc le coaching traditionnel « la première génération du coaching ». C'est un peu trop cérébral, pas très incarné. Et il ne gère pas les problèmes. L'approche dit en gros : « Concentrez-vous juste sur ce que vous voulez. Arrêtez de vous plaindre. Trouvez vos ressources et passez à l'action. »

Donc, on est passé de « le thérapeute a la solution, le client est impuissant » de la première génération de thérapie à « le coach n'a pas la réponse, c'est le client qui l'a » comme précepte de base du coaching en deuxième génération. Le rôle du coach consiste à accompagner le client pour qu'il trouve ses propres réponses et solutions.

Dans la troisième génération du travail de changement, caractérisée par le coaching génératif, nous disons « Ce n'est pas soit l'un soit l'autre, c'est les deux ensemble. ». Le passé et le problème et le futur et l'aboutissement font tous partie du processus global de changement. Le premier principe central du changement génératif c'est que « la créativité est une conversation ». Et de notre point de vue, l'esprit créatif n'appartient ni au coach ni au client. Il est dans le champ entre eux. C'est la qualité de la relation, c'est dans la conversation. Et comme les musiciens, vous devez créer les conditions pour écouter et parler de façon équilibrée.

Deuxièmement, l'esprit créatif et les réponses ne sont pas juste dans la tête, dans l'esprit conscient. Ils ne sont pas non plus juste dans l'inconscient, comme le voit l'hypnose traditionnelle. L'esprit créatif et les réponses sont dans l'équilibre conversationnel entre le monde quantique inconscient et le monde classique conscient.

Troisièmement, la créativité et le changement ne sont pas seulement une question de solutions et de ressources. En fait, la créativité et le changement concernent en même temps la solution et les ressources *plus* le problème et les obstacles. Et lorsque vous pouvez porter simultanément ces énergies opposées, quelque chose de nouveau commence à émerger. C'est ce que le terme « génératif » met en avant.

Nous pouvons résumer cette évolution de la façon suivante.

1. **Première génération du travail de changement** : la thérapie traditionnelle – Autoritaire ; orientée vers les problèmes du passé et la pathologie ; orientée verbalement, plus de paroles que d'actions.
2. **Deuxième génération du travail de changement** : les nouvelles thérapies et le coaching traditionnel – Collaborative ; orientée vers le futur, les solutions et les ressources ; focalisée sur l'action ; la créativité se trouve *soit* dans l'esprit conscient, *soit* dans l'inconscient.

3. **Troisième génération du travail de changement** : le coaching génératif (c'est-à-dire la création de nouveaux résultats, de changement profond, transformateur) – Émergent ; coaching traditionnel *plus* l'engagement de la conscience créative ; états internes génératifs ; transforme les problèmes en ressources ; orienté vers la conscience créative à la fois dans les mondes interne et externe, créant des réalités « au-delà des croyances et des attentes ».

Troisième génération du travail de changement : le coaching génératif.

Deuxième génération du travail de changement : le coaching traditionnel.

Première génération du travail de changement : la thérapie traditionnelle.

C'est important de souligner que nous ne disons d'aucune de ces générations qu'elle est bonne ou mauvaise, ou meilleure que les autres. Chacune a son indication, son point focal et sa fonction. Comme nous l'avons mis en évidence, cette troisième génération de travail de changement génératif est nécessaire et particulièrement efficace lorsque l'objectif est de créer quelque chose de neuf et nouveau, spécialement dans les situations à haut niveau de changement et d'incertitude. Ce sont les situations dans lesquelles les anciennes réponses et solutions ne fonctionnent plus.

LES DIFFÉRENCES ENTRE LE COACHING GÉNÉRATIF, LA TRANSE GÉNÉRATIVE ET LE CHANGEMENT GÉNÉRATIF DANS LES AFFAIRES

Lorsque nous parlons de ces trois branches de changement génératif, on nous demande souvent « Quelles sont les différences entre la transe générative, le coaching génératif et le changement génératif dans les affaires ? » Dans la mesure où ils partagent de toute évidence la même structure profonde, il s'agit surtout du focus auquel elles s'appliquent.

Tout changement génératif implique ce type de danse entre le monde intérieur (plutôt quantique) et le monde extérieur (plus classique), dirigée vers un état désiré particulier. Comme nous l'avons dit, le coaching traditionnel se focalise sur la réalisation ou l'amélioration de quelque chose de comportemental (par exemple la voix, l'interprétation, la gymnastique, etc.). C'est à cela que nous faisons référence lorsque nous parlons de réaliser quelque chose dans le monde classique, externe et concret. Lorsque nous posons une intention en coaching génératif, nous cherchons particulièrement à faire avancer quelque chose de nouveau dans le monde concret – par exemple : écrire un livre, développer mon activité de conseil, améliorer mes relations intimes, prendre de meilleures habitudes alimentaires, etc. Les gens font généralement appel au coaching pour progresser concrètement dans un domaine ou un autre.

Avec la transe générative, l'intention est souvent plus interne et personnelle, impliquant fréquemment un type de guérison ou de transformation intérieure. Le coaching génératif enracine plutôt les choses dans le monde classique, la transe générative tend à explorer le monde quantique.

La notion de « transe » est clairement associée à l'« inconscient créatif ». Pour accompagner un client à entrer dans cet espace, un praticien de transe générative doit être un peu plus qu'un guide, en prenant temporairement la place de l'esprit conscient du client, et en utilisant certains types de suggestion pour lui permettre d'entrer plus pleinement dans son imagination quantique. Cela demande un ensemble de compétences spécifiques, différentes de celles qu'on utilise en coaching.

On en trouve une belle illustration dans le contraste entre le méta-modèle et le Milton-modèle dans le développement de la PNL. Lorsque nous nous sommes retrouvés dans les groupes du début de Bandler et Grinder, le premier modèle qu'ils ont construit s'appelait le « Méta Modèle ». Dans leur livre *La Structure de la magie I*, ils ont mis en œuvre les principes de la grammaire transformationnelle pour modéliser les compétences verbales de psychothérapeutes de génie comme Virginia Satir et Fritz Perls. Le méta-modèle est tout simplement la cartographie du système de questions que ces thérapeutes utilisaient pour permettre à leurs clients de devenir plus précis et conscients sur la façon dont les « délétions, distorsions et généralisations » de leurs modèles du monde leur posaient des limites. Quelques exemples de ces questions : « Quoi précisément ? Qui spécifiquement ? Comment exactement ? » Il s'agit de dessiner une carte plus claire et plus spécifique.

Lorsque Bandler et Grinder ont présenté *La Structure de la magie I* à Gregory Bateson, il leur a dit « Si vous voulez apprendre quelque chose en matière de communication, allez étudier "l'homme en pourpre" là-bas dans le désert. » (Précisons que Milton Erickson était l'homme en pourpre, "the purple one", avant Prince). Bandler et Grinder sont allés à Phoenix, en Arizona, pour modéliser Erickson. Ils en sont revenus complètement confus, ce qui était une réaction normale à la fréquentation d'Erickson. Ils se sont aperçus qu'Erickson violait systématiquement toutes les distinctions du méta-modèle. Il posait des questions contraires à la recherche de la précision consciente. En tant qu'hypnothérapeute, il faisait surtout des suggestions ouvertes qui propulsaient les personnes dans le champ quantique de l'inconscient créatif. Et donc, dans *The patterns of the hypnotic techniques of Milton H Erickson MD Volume 1*, Bandler et Grinder ont en fait dû inverser le méta-modèle pour créer le « Milton Modèle ». Il consiste à utiliser du langage non spécifique et des métaphores.

Donc la transe générative utilise plutôt le Milton-modèle. Il s'agit de faire un voyage dans le champ quantique. Dans la transe générative, vous aidez le client à trouver un endroit où il est bloqué et vous utilisez ensuite la transe pour déverrouiller cet endroit. On relâche toutes les injonctions à adopter une perspective ou une compréhension particulières jusqu'à trouver de multiples possibilités nouvelles, et ensuite on les teste.

Le coaching est plus du côté du méta-modèle et cherche à être spécifique par son questionnement : « Comment précisément allez-vous faire ceci ? », « Découpons-le en étapes. ». Toutefois, en coaching génératif il faut aller un moment dans cet état quantique pour trouver quelque chose de nouveau puis revenir pour poursuivre le voyage.

En tant que praticien du changement génératif, vous devez donc discerner les moments où il faut être plus ouvert et les moments où il faut être plus précis – quand vous devez être vraiment spécifique, et quand vous devez lâcher la focalisation sur une représentation particulière et ouvrir sur une structure plus profonde où vous avez un infini de formes possibles.

C'est là que l'intelligence esthétique entre en jeu. Parce que si vous vous focalisez trop sur une partie, vous allez commencer à perdre la connexion à l'autre. Dans le changement génératif on pratique toujours « les deux, ensemble ». Je vais vers le spécifique tout en gardant la connexion à l'ensemble. Pour ce faire, nous devons garder l'équilibre entre une « vivacité détendue » du corps et une « focalisation large » de l'esprit. C'est une partie du pouvoir de l'état COACH. « Je suis simultanément concentré et complètement ouvert. Je suis simultanément détendu et alerte. »

Le passage du coaching génératif au changement génératif des affaires penche encore un peu plus vers le monde classique et l'ensemble plus grand. L'objectif du changement génératif dans les affaires consiste à aider les équipes et les organisations à évoluer et fonctionner de façons à la fois nouvelles et plus efficaces. Pour y parvenir, il faut conseiller les clients sur la réalisation d'un programme ou d'un chemin qui intègre des intelligences et des interventions multiples pour atteindre des résultats clés que l'organisation n'avait potentiellement jamais obtenus. Même si le consultant n'interagit qu'avec une seule personne, le focus ne porte pas finalement sur cet individu. Il est perçu comme le représentant d'un système plus grand.

Tout changement génératif implique bien entendu d'avoir accès au champ quantique. Le changement génératif dans les affaires utilise donc beaucoup plus les métaphores, le corps et l'intelligence somatique que le conseil traditionnel qui travaille presque exclusivement sur des constructions rationnelles, cerveau gauche. Le conseil génératif fait également beaucoup appel à ce que nous appelons l'« intelligence du champ », sous la forme d'intelligence collective.

En résumé, nous pouvons dire que le coaching génératif et la transe générative sont plus centrés sur l'individu. La transe générative implique de créer un plus grand accès au champ quantique de l'inconscient créatif, en utilisant différentes formes de guidage et de suggestion pour produire une transformation et une guérison intérieures. Le coaching génératif tend à créer un progrès de la personne plus ancré dans le monde classique extérieur, mais il demande néanmoins des connexions riches et fréquentes au champ quantique. Le changement génératif dans les affaires s'attache à réaliser quelque chose de nouveau dans les systèmes plus larges auxquels nous appartenons en tant qu'individus. Il consiste à appliquer les principes du changement génératif pour conseiller sur la façon de créer un chemin vers une nouvelle réalisation dans le monde extérieur classique. L'ultime finalité des trois est toutefois la capacitation individuelle et collective. C'est le schéma qui les relie.

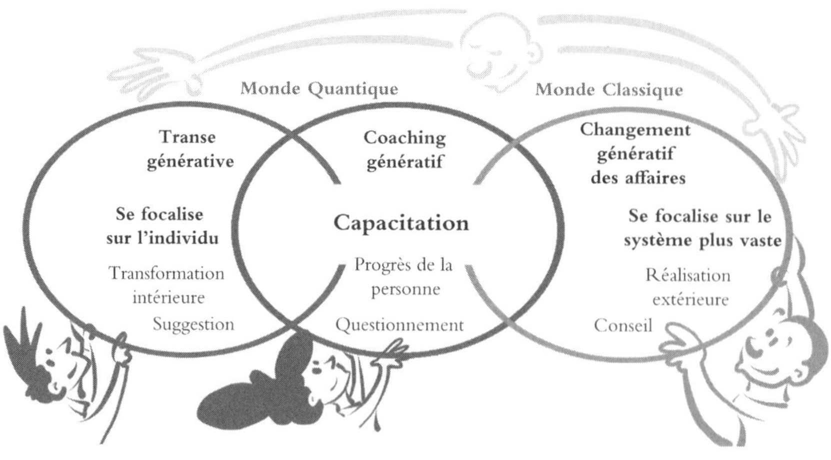

L'intersection entre la transe générative, le coaching génératif et le changement génératif dans les affaires

LE MODÈLE DU COACHING GÉNÉRATIF EN SIX ÉTAPES

Pour la suite de ce livre, nous allons nous concentrer sur le processus et les compétences du coaching génératif.

Voici l'une de nos définitions de base du coaching génératif : *l'art d'utiliser le « flux disciplinée » de la conscience créative pour générer de nouvelles identités et réalités.* Cette définition implique que le coaching génératif est dirigé vers des niveaux fondamentaux profonds du changement créatif tout en étant enraciné dans des expressions comportementales concrètes. Le terme « flux discipliné » capture la notion de complémentarité entre le monde classique concret et le champ quantique qui se trouve au cœur du changement génératif des affaires et du coaching génératif.

Comme nous l'avons souligné au chapitre précédent, le travail de changement génératif que nous avons développé durant les vingt dernières années peut s'exprimer par un schéma central que nous appelons le modèle en six étapes. Il nous a fallu des années pour le perfectionner. Sa force réside pour une part dans le fait qu'il s'agit d'un processus pas à pas très clair, et d'autre part dans le fait qu'il n'est pas rigide. Il permet à la fois beaucoup de flexibilité et l'inclusion de nombreuses méthodes et modalités différentes pour réaliser chaque étape. C'est un bon exemple de ce que nous entendons par « flux discipliné ».

Dans tout travail de changement génératif, le principe organisateur est la créativité. De notre point de vue, le processus créatif comporte six parties fondamentales. En étudiant ces parties individuellement puis dans leurs relations les unes aux autres, vous pouvez obtenir des résultats étonnants et créatifs, de façon fluide et néanmoins très disciplinée.

Les six étapes du coaching génératif s'alignent sur le schéma de la structure profonde de tout changement génératif :

1. Ouvrir un champ COACH.
2. Poser une intention ou une direction positive.
3. Développer un état génératif (créatif).
4. Passer à l'action.
5. Transformer les obstacles et les résistances.
6. Mettre en place des pratiques pour entretenir la créativité.

À la **première** étape, vous vous enracinez en vous-même et vous vous ouvrez au champ quantique.

Ouvrez un champ COACH

À la **deuxième** étape, vous choisissez une direction dans ce champ de toutes les possibilités. Vous décidez « ce que je veux manifester dans ma vie maintenant ».

Établissez une intention ou une direction positive

La **troisième** étape implique de vous connecter aux parties de votre champ de ressources dont vous allez avoir besoin pour avancer plus créativement et plus efficacement vers votre état désiré.

Développez un état génératif (créatif)

La **quatrième** étape consiste à passer à l'action. Et c'est pratiquement toujours là que vous allez commencer à rencontrer les obstacles et les interférences.

Passez à l'action

Transformez les obstacles et les résistances

La **cinquième** étape consiste donc à accueillir ces obstacles et interagir avec eux tout en restant connecté à l'état génératif et au champ COACH pour les transformer. Typiquement lorsqu'on rencontre un obstacle une partie de notre état génératif s'effondre. Notre attention se rétracte. Nous perdons le sens de notre direction. Nous perdons notre connexion à nous-mêmes. La cinquième étape est donc cruciale pour la réussite du processus de coaching.

Mettez en place des pratiques pour entretenir la créativité

La **sixième** étape consiste à instaurer des pratiques pour approfondir les changements que vous avez initiés lors de la session de coaching. Combien de vos mères vous ont-elles dit : « Mon chéri, tu ne vaux pas plus que le niveau de tes pratiques. » ? Probablement peu d'entre elles. Alors soyons nos propres mères honoraires et disons-nous : « Tu ne vaux pas plus que le niveau de tes pratiques ». Lorsque vous faites une session de changement génératif, que ce soit avec une personne ou avec un groupe, rien n'a encore changé à la fin de la session. Ce qu'elle a éveillé est une possibilité. Mais rien n'est encore réalisé. Pour pouvoir transcrire cette possibilité dans la réalité, il faut un engagement et des pratiques.

Dans les prochains chapitres de ce livre, nous reviendrons en détail sur ces étapes du processus du coaching génératif. Nous vous fournirons plus d'informations et des exemples de différentes façons de réaliser ces étapes. Comme vous allez vous en rendre compte, chaque étape est un voyage par elle-même. Et bien qu'elles fournissent un chemin clair, il n'est pas nécessaire de les suivre de façon rigide.

Nous avons hâte de partager avec vous le cumul de nos quatre-vingts ans d'expériences combinées.

There is a vitality, a life force, a quickening that is translated through you into action, and because there is only one of you in all time, this expression is unique.

Il y a une vitalité, une force de vie, un élan qui se traduit en action à travers vous, et parce que vous êtes unique de toute éternité, cette expression est unique.

If you block it, it will never exist through any other medium and be lost.
The world will not have it.

Si vous la bloquez, elle n'existera jamais à travers aucun autre médium et sera perdue.

It is not yours to determine how good it is; nor how it compares with other expressions.

Ce n'est pas à vous de déterminer sa valeur, ni de la comparer à d'autres expressions.

It is your business to keep the channel open.
Martha Graham

Votre tâche est de garder le canal ouvert.

3

ÉTAPE 1 – OUVRIR LE CHAMP COACH

La première étape, et peut-être la plus importante de ce processus de coaching génératif est d'« ouvrir un champ COACH ». Cela signifie que le coach et le coaché doivent être tous les deux dans un état partagé de résonance dans lequel des idées créatives peuvent facilement émerger de leur interaction. Dans cet état de relation, le coach et le client ont tous deux accès à des notions au-delà des limites cognitives, conscientes.

Pour l'atteindre, vous devez vous détendre, vous devez vous enraciner, et vous devez vous ouvrir. Vous devez effectuer cette connexion que « *je ne suis pas une boîte isolée mais je fais partie d'un champ plus vaste de conscience extraordinaire* ».

Dans la citation qui ouvre ce chapitre, la célèbre danseuse Martha Graham parle de l'importance de « garder votre canal ouvert ». La première étape du coaching génératif est d'ouvrir ce canal – être Centré, Ouvert, Alerte, Connecté et Hospitalier envers ce qui arrive depuis un état porteur, plein de ressources, de curiosité et de créativité.

PRATIQUER L'ÉTAT COACH : OUVRIR LE CANAL

Voici un protocole de base que vous pouvez utiliser pour vous guider vous-même ou guider quelqu'un d'autre à entrer en état COACH.

1. Prenez une posture confortable, assis ou debout, avec les deux pieds à plat sur le sol et votre colonne vertébrale droite mais détendue (c'est-à-dire dans votre axe vertical). Assurez-vous que votre respiration est régulière et part du ventre (une respiration courte et rapide depuis la poitrine indiquerait que vous êtes en état de stress).
2. Portez votre attention sur la plante de vos pieds (« installez-vous dans vos pieds »). Prenez conscience de l'univers de sensations sous vos pieds. Ressentez la surface de vos talons, vos orteils et votre voûte plantaire.
3. Commencez à élargir votre conscience pour inclure le volume physique de vos pieds (l'espace tridimensionnel) puis déplacez ensuite votre conscience en remontant vers vos mollets, vos genoux, vos cuisses, votre pelvis et vos hanches. Prenez conscience du centre de votre ventre, amenez une profonde inspiration à son niveau et dites-vous : ***« Je suis ici. » « Je suis présent. » « Je suis centré. »***
4. Tout en restant présent à la partie inférieure de votre corps, élargissez votre conscience en remontant vers le plexus solaire, la colonne vertébrale, la cage thoracique, les poumons et la poitrine. Portez votre conscience sur le centre du cœur dans la partie supérieure du buste, inspirez dans votre poitrine en vous disant : ***« Je suis ouvert. » « Je suis en train de m'ouvrir. »***
5. Continuez à élargir votre conscience vers les épaules, les bras, les coudes, les avant-bras, les poignets, les mains et les doigts, puis en remontant vers le cou, la gorge et le visage. Veillez à inclure tous les organes des sens présents dans la tête : les yeux, les oreilles, le nez, la bouche et la langue. Portez votre attention sur le crâne, le cerveau et le centre de la tête, derrière vos yeux. Respirez comme si vous inspiriez depuis le centre de

votre tête, lui apportant de l'oxygène et de l'énergie, puis dites-vous : ***« Je suis éveillé. » « Je suis conscient. » « Je suis alerte et lucide. »***

6. Tout en restant en contact avec les sensations présentes dans votre corps, depuis les pieds et en incluant les trois centres (ventre, cœur et tête), prenez conscience de tout l'espace qui se trouve en dessous de vous, en allant vers le centre de la terre, de tout l'espace au-dessus de vous, jusqu'au ciel, de tout l'espace à votre gauche, de tout l'espace à votre droite, de tout l'espace derrière vous, de tout l'espace devant vous. Ressentez un sentiment profond de connexion à vos pieds et aux centres de votre ventre, votre cœur et votre corps, ainsi qu'à l'environnement et au champ autour de vous. Soyez conscient du vaste éventail de ressources qui vous sont accessibles en vous-même et dans le champ qui vous entoure. Lorsque vous ressentez une connexion à ce ressenti de Soi élargi, dites-vous : ***« Je suis connecté. »***
7. En gardant votre conscience simultanément sur votre corps et sur l'espace qui vous entoure, ressentez une sorte de champ ou d'environnement porteur dans lequel vous pouvez accueillir toutes les ressources, la force, l'intelligence et la sagesse qui vous sont accessibles ainsi que les énergies perturbantes telles que la peur, la colère, la tristesse, etc. Ressentez le courage et la confiance de faire face à ce qui vous arrive en restant centré et présent dans votre entièreté, et ouvert à votre environnement. Dites-vous : ***« Je suis prêt. » « Je peux accueillir ce qui est là dans un état de curiosité, de créativité, avec ressource. »***

Le coach et le client entrent dans un état partagé de résonance où les idées créatives peuvent émerger facilement de l'interaction entre eux.

INTRODUIRE L'ÉTAT COACH DANS UN CONTEXTE DE COACHING

Il existe de nombreuses façons de présenter l'état COACH à un client dans un contexte de coaching. En fait, une conversation de coaching génératif commence classiquement par une conversation informelle lorsque la personne arrive, un petit échange sur ce qu'elle aimerait faire au cours de la session. Ensuite, en tant que coach génératif, nous disons : « *Très bien, j'ai vraiment envie de vous apporter mon soutien là-dessus. Et je pense que ce serait bien de commencer par s'assurer que vous soyez dans votre meilleur état possible pour faire une avancée créative vers cet objectif.* » Le coach génératif peut expliquer : « *Si je vous demande cela, c'est parce que vous voulez quelque chose, or il vous faut une connexion positive à vous-même et à vos ressources pour y parvenir. Je suggère donc que nous commencions par établir ces connexions positives.* »

Aucun client ne nous a jamais dit : « *Je ne pense pas que ce soit une bonne idée.* »

Beaucoup de clients nous disent : « *Très bien, mais comment ?* »

La bonne nouvelle, c'est que tout le monde sait comment jusqu'à un certain point. Nous dirions que ce que nous appelons l'état COACH est un état psycho-biologiquement nécessaire. Nous éprouvons un besoin psycho-biologique de lâcher notre ego isolé pour entrer dans cette expérience plus vaste de connexion avec le monde. Donc en coaching génératif nous ne nous cantonnons pas à une technique artificielle de l'état COACH. Ce qui nous intéresse, c'est la façon dont le client le pratique déjà dans sa propre vie.

En tant que coach, vous pouvez par exemple demander : « *Que faites-vous lorsque vous avez besoin de vous détendre ? De quoi avez-vous besoin pour vous connecter à vous-même ?* » « *Quel genre de choses faites-vous pour revenir à vous-même après avoir travaillé pendant quarante jours et quarante nuits ?* » Nous recherchons ces pratiques puis nous aidons très activement nos clients à les revivre.

Nous avons des réponses du style : je fais du yoga, j'écoute de la musique, je joue avec mes enfants, je fais du cheval, du vélo ou de la danse, je vais marcher dans les bois, chanter, faire de l'aïkido ou nager, lire, méditer etc. Ces manières dont les gens se reconnectent à eux-mêmes et à leurs ressources intérieures sont une bonne façon d'entrer dans un état COACH.

RÉACTIVER LES EXPÉRIENCES COACH DU CLIENT

Une fois que le client a identifié un exemple, nous l'aidons à rentrer plus profondément dans l'expérience en lui posant des questions comme : *« De quoi êtes-vous conscient en vous lorsque vous vivez cela ? Comment et où dans votre corps ressentez-vous la connexion à vous-même et à vos ressources internes ? Quelles sont certaines des qualités qui caractérisent votre état interne dans cette expérience ? »*

Nous appelons ce processus **« Réactiver les expériences COACH du client »**. Voici la trame de la méthode :

1. Centrez-vous, posez-vous.
2. Posez une intention pour ouvrir un champ COACH.
3. Demandez au client d'identifier des expériences COACH dans sa vie personnelle (par exemple des moments de ressourcement, de résilience, de connexion, de flow, etc.), ou développez un scénario imaginaire.
4. Demandez au client de décrire lentement les ressentis internes de l'expérience, en faisant des pauses pour les respirer à travers son corps.
5. Faites un retour de sa description au client en expérimentant vous-même pour développer un état parallèle chez vous.

Démonstration de réactivation des expériences COACH du client

Ci-dessous, la transcription d'une session de coaching que Steve a réalisée dans l'une de nos formations illustre bien la façon de procéder.

Steve : *Voyons donc quelle serait la meilleure façon de travailler ensemble pour que vous repartiez d'ici avec le sentiment que « c'était vraiment intéressant et utile ».*

Cliente : *D'accord.*

Steve : *Auriez-vous d'emblée une idée d'un bon objectif ou d'une intention dont nous pourrions commencer à parler ?*

Cliente : *Oui. Être élégante et reconnaissante.*

Steve : *Être reconnaissante dans un domaine particulier de votre vie ? Dans quel domaine l'élégance et la gratitude seraient vraiment utiles pour vous et peut-être pour d'autres ?*

Cliente : *Je pense que c'est à la fois au travail et à la maison. Je crois que, pour moi, il s'agit d'être reconnaissante pour ce que nous sommes. Donc aider les autres et m'aider moi-même à éprouver de la gratitude pour qui nous sommes et pour tout ce que nous sommes.*

Steve : *Et je serais curieux de savoir, s'il y avait une représentation en couleurs de cet endroit de plus grande reconnaissance à partir duquel vous regarderiez le monde ou vous-même dans votre vie, qu'est-ce que ce serait ? Est-ce qu'une image vous vient à l'esprit ?*

Cliente : *L'image qui vient immédiatement, c'est une prairie de montagne, avec de*

jolies marguerites, des fleurs, des plantes, et un ciel bleu.

Steve : *Formidable. Pour vous aider à activer le meilleur endroit pour expérimenter la gratitude et tout ce qui va avec, y a-t-il quelque chose d'autre qui pourrait vous aider à trouver la meilleure connexion à vous-même ?*

Cliente : *Me mettre debout et sentir la terre sous mes pieds.*

Steve : *Allons-y* (les deux se lèvent). *Et vous pourriez vous connecter ici un petit moment* (il indique le centre du ventre).

Cliente : *Oui* (elle prend une profonde inspiration).

Steve : *Je me demandais, comme j'ai l'impression que vous avez ouvert un peu d'espace en vous, j'espérais que nous pourrions l'utiliser pour établir une petite connexion également entre nous. De cette façon, je pourrai soutenir ce que vous voulez faire. Qu'est-ce que cela touche en vous ?*

Cliente : *Du calme. Un très – oui, juste un endroit très doux et calme – oui.*

Steve : *Eh bien j'aimerais sincèrement dire à cet endroit « Bonjour ».*

Cliente : (avec un grand sourire) *Bonjour.*

Réactiver une expérience d'état COACH *du client.*

2) RECONNECTEZ-LE PLEINEMENT À UN SOUVENIR OÙ IL ÉTAIT NATURELLEMENT EN ÉTAT COACH.

3) DÉVELOPPEZ UN CHAMP DE RÉSONANCE RELATIONNELLE ENTRE LE COACH ET LE CLIENT POUR ACTIVER UN CHAMP COACH.

APPROFONDIR L'ÉTAT COACH

Partir de ces expériences de ressources constitue un bon départ. C'est important pour nous de faire remarquer ici que la première compréhension que les gens ont de l'état COACH, c'est qu'il devrait toujours s'agir d'un ressenti positif ou d'un état de complète sérénité. Mais nous souhaitons clarifier dès maintenant qu'il ne s'agit pas juste d'un état de ressenti positif. Ce serait trop superficiel. Parce que pour faire face à n'importe quel défi important, vous allez devoir gérer bien plus que le côté positif. Donc, dans un véritable état COACH, vous posséderez ce que les bouddhistes appellent l'« équanimité », ce qui signifie d'avoir la même qualité de présence et de ressources dans la joie ou la souffrance. Et vous aurez besoin de cette capacité pour relever un défi difficile.

Souvenez-vous, l'état COACH n'est relié à aucune réponse émotionnelle particulière. C'est une fonction de l'état de nos filtres somatiques, cognitifs et relationnels. L'état de ces filtres détermine la façon dont nous ressentons, traitons et exprimons ce qui les traverse.

Le fait est que je peux, bien sûr, ressentir de la joie en état COACH. Je peux aussi être en état COACH et ressentir de la tristesse. Et je peux être en état COACH et me sentir frustré. Et je peux être en état COACH et en colère. La question c'est de savoir ce que deviennent la colère, la frustration, la joie ou la tristesse. Si je les accueille en état COACH, elles ont de nombreuses possibilités de formes d'expression. Si je prenais les mêmes sentiments – frustration, colère, joie ou tristesse – pour les accueillir en état CRASH, rien de très génératif n'en sortirait. Mais si je prends cette même frustration et que je me centre, je m'ouvre, et que j'apporte de la conscience en restant connecté à mes ressources, quelque chose de vraiment créatif et utile peut émerger.

L'un de nos principes fondamentaux en coaching génératif, c'est ***« qu'aucun contenu ne possède en soi une expression ou un sens fixe »***. Une émotion, une pensée ou un ressenti ne sont pas intrinsèquement positifs ou négatifs. C'est la relation que vous établissez avec eux et l'état de vos filtres au cours de l'interaction qui fait qu'une réponse particulière devient un problème ou une ressource.

Ceci nous ramène au schéma du Chapitre 1, avec le petit et le grand cercle. Dans une conversation générative, l'état COACH est le grand cercle, et le petit est le contenu apporté par la conversation – état présent, état désiré, obstacles, ressources, etc.

Donc en coaching génératif nous aidons les clients à réaliser que les états de bien-être auxquels ils savent accéder dans les meilleures conditions doivent également leur être accessibles dans les conditions les plus difficiles. Et c'est l'une des choses qu'ils peuvent réellement apprendre à faire par le processus du coaching génératif.

Si par exemple vous accueillez la peur en état COACH, vous obtiendrez souvent quelque chose comme une vigilance accrue. La peur est là, mais vous êtes connecté à quelque chose de plus grand qu'elle. Si vous avez peur en état CRASH, vous allez paniquer. C'est la même peur, mais la façon dont vos filtres l'accueillent détermine la façon dont l'énergie s'exprime.

C'est pourquoi nous disons que nous voulons d'abord être en état COACH pour accueillir ce qui va émerger dans une session de coaching génératif.

Dans une conversation générative, le grand cercle représente l'état COACH et le petit cercle le contenu qui émerge de la conversation.

Ce n'est pas rare qu'un client dise « Voilà ce que je veux. » puis s'inquiète ou se mette à douter. Ce que nous appelons le « Oui, mais... » en est l'une des manifestations les plus courantes. Le client dit « Voilà ce que je veux. », mais quelqu'un d'autre à l'intérieur dit « Non, moi je ne veux pas. » Une partie de ce que nous appelons un champ COACH consiste à créer un espace conversationnel capable d'accueillir et porter toutes ces réponses possibles.

Une façon de parler de ce que vous faites lors de cette première étape, c'est « rassembler l'équipe ». Comme nous l'avons souligné dans les chapitres précédents, la générativité exige de nombreuses parties complémentaires (dont certaines semblent initialement contradictoires). Nous avons besoin du rêveur, du réaliste et du critique. Il nous faut des représentants de toutes les parties du « holon » – des parties jeunes, des parties mûres, des parties confiantes, des parties craintives, etc. Nous devons leur faire de la place à toutes.

Donc lors de cette première étape de la création du champ COACH, vous rassemblez toute l'équipe. En fonction de ce que le client veut créer, nous essayons d'accueillir tous les joueurs et de « les rassembler pour la cérémonie du thé », de manière à ce que chacun soit respecté et que personne ne monopolise le micro. Si vous n'avez qu'une partie de l'équipe, vous rencontrerez des problèmes par la suite. Lors de cette première phase, nous cherchons toujours à accueillir tout ce qui est là, parce que ce qui n'est pas accueilli au départ apparaîtra plus tard sous forme de résistance, d'interférence ou d'obstacle. Ce que vous laissez de côté finira par se manifester : « Une minute. Et moi, alors ? »

AUTO-CALIBRATION ET AUTO-ÉVALUATION

Certains membres de l'équipe peuvent apparaître sous forme de CRASH dans un premier temps : *« Je suis inquiet à propos de ceci »* ou *« Je ne sais pas, j'ai déjà essayé cela et ça a mal tourné »*. C'est pourquoi nous aimons aider le client à apprendre **« l'auto-calibration »**, particulièrement lors de cette première étape. Cela signifie être conscient du degré auquel je me trouve dans un état ou un état d'esprit particulier. Nous aimons utiliser le processus « d'auto-évaluation » pour aider la personne à calibrer le niveau de son état COACH. Nous prenons donc l'état COACH ou certains de ses éléments sur une échelle de 0 à 10 : « 0 » signifie « *Je suis complètement en état CRASH* » et « 10 » « *Je suis plus que jamais dans un état COACH enraciné et ouvert* ». Nous aidons alors le client à ressentir « *Où est-ce que je me situe sur cette échelle* ? » à différentes étapes de la session.

L'un de nos principes fondamentaux stipule qu'il est impossible et probablement non souhaitable d'être constamment au niveau 10. En fait, nous dirions que « ***l'optimum n'est pas toujours le maximum*** ». Vous ne conduisez pas toujours votre voiture à pleine vitesse. Ce que nous recherchons, c'est une zone de générativité que nous appelons « *zone d'excellence* ». Plutôt qu'un point fixe, cette zone est un intervalle sur l'échelle dans lequel vous avez accès à vos ressources et êtes en capacité d'être génératif. Cet intervalle sur l'échelle de l'état COACH commence généralement à partir de 7 ou au-dessus. Si le niveau commence à baisser à 5, 4 ou 3, la personne va vers l'état CRASH, c'est-à-dire que le canal se ferme. Les filtres se ferment.

Si vous essayez de réaliser quelque chose de difficile à partir d'un faible niveau d'état COACH, vous allez produire des expériences et des comportements négatifs. Si vous demandez à votre client « *Quel niveau de connexion positive envers vous-même ressentez-vous actuellement ?* » et qu'il vous répond « *Trois* », il ne sortira rien de positif ni de génératif si vous poursuivez. Il doit d'abord remonter son niveau pour arriver à un état où il peut se faire confiance et rester ouvert au monde autour de lui.

Nous mettons donc l'état COACH sur une échelle mobile, ce n'est pas tout ou rien. En fait, le niveau d'état COACH du client peut grandement varier au cours d'une session. C'est donc très utile de pouvoir suivre ce qui se passe grâce au processus d'auto-évaluation, qui informe le coach : « *Sommes-nous prêts pour l'étape suivante ?* » ou « *Avons-nous besoin de rapporter des ressources ?* »

À bien des égards, l'auto-évaluation est même encore plus utile comme outil du quotidien pour les clients. C'est formidable d'apprendre à détecter mon niveau d'accès à mon état COACH à tout moment. Si je sais où j'en suis de mon état interne, j'ai la possibilité de l'ajuster, je peux donc me placer dans les meilleures conditions de réussite.

Voici le schéma de base du processus que nous utilisons pour apprendre à utiliser l'auto-évaluation de l'état COACH.

OPTIMISER L'ÉTAT COACH

1. Sur une échelle de 1 à 10, laissez émerger le niveau actuel de votre état COACH (0 serait un état CRASH complet, et 10 un état de « flow » complet).
2. Explorez ce que vous pouvez faire pour augmenter légèrement votre état COACH (c'est-à-dire physiquement, verbalement ou visuellement, ou par une expérience de référence, un modèle de rôle ou en faisant « comme si », etc.).
3. À quel niveau monte-t-il ?
4. Quelle différence cela fait-il ? Qu'est-ce qui devient possible maintenant ?
5. Comment pourriez-vous ancrer cet état de ressource pour le rendre accessible dans le futur ?

C'est important d'apprendre à évaluer votre niveau d'état COACH à tout moment.

Démonstration d'optimisation de l'état COACH

La transcription ci-dessous d'une session de coaching guidée par Robert lors de l'une de nos formations illustre bien la façon de procéder.

Robert : *Bon, nous démarrons ce processus et je suis curieux de connaître votre intention pour cette session.*

Client : *C'est très important pour moi de créer un état solide et stable pour développer mon projet.*

Robert : *Très bien. C'est intéressant parce que c'est exactement ce que nous allons faire lors de cette première étape. Nous allons explorer la façon dont vous pourriez créer un état COACH solide et stable. En fait, une partie de ce que nous allons faire consiste à explorer la façon de détecter le niveau de cet état COACH et de renforcer les parties qui en ont besoin. Je suis donc curieux de savoir quelle est votre expérience de référence en état créatif et plein de ressources.*

Client : *Lorsque j'ai animé ma propre formation au leadership, j'ai profondément ressenti cet état. Il y avait sept mille personnes, j'avais fait venir cent formateurs. C'était une soirée jeunesse. C'était vraiment un champ COACH hyper puissant, avec des quantités de jeunes aux yeux brillants et intelligents.*

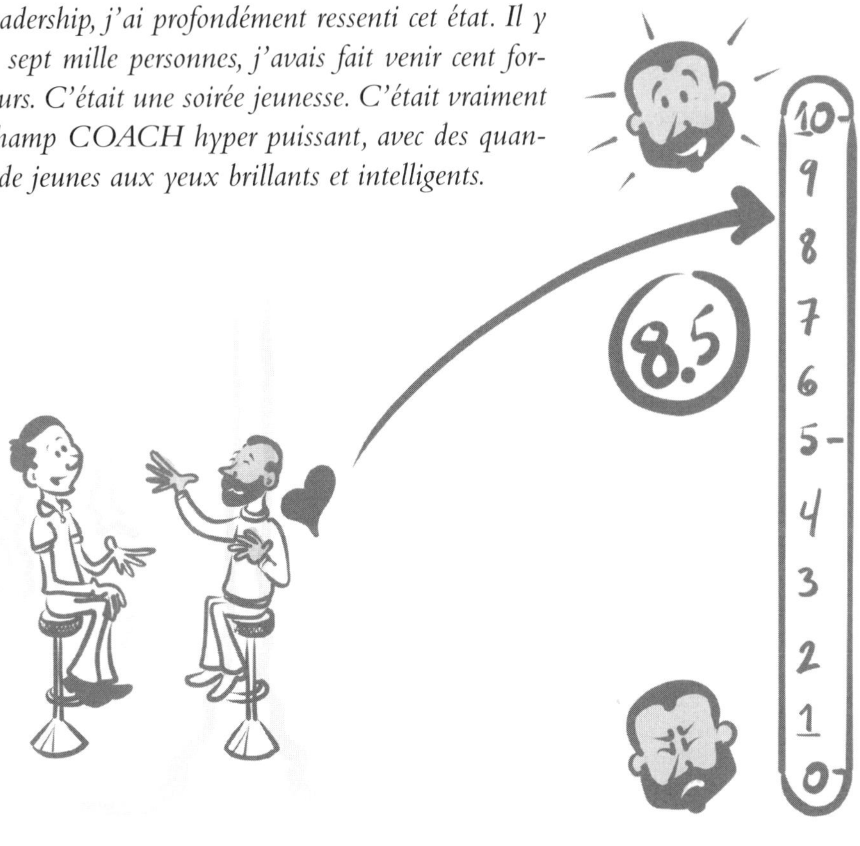

Robert : *Je veux juste vous dire que lorsque vous partagez ça, je ressens un frisson et de la lumière qui me traverse. Donc prenons un moment, et en prenant le temps de vous replonger dans cette expérience et de l'inspirer à travers vous, dites-moi où vous la ressentez le plus dans votre corps ?*

Client : *C'est comme une énergie qui vient dans mon corps depuis le dessous de mes pieds, depuis la Terre et à travers mon corps, et qui va quelque part.*

Robert : *Et je vois un sourire apparaître sur votre visage. Est-ce que l'énergie aurait une couleur ou une température ?*

Client : *Oui. Quand l'énergie arrive de là-dessous, elle est blanche, et ensuite c'est comme un feu d'artifice dans toutes les directions.*

Robert : *Et vous avez dit qu'elle était blanche. Est-ce qu'elle a aussi d'autres couleurs ?*

Client : *Oui. Elle arrive jusque-là en blanc, et après c'est multicolore.*

Robert : *Avez-vous conscience d'autre chose ?*

Client : *C'est comme de la musique, une sorte de musique que j'entends.*

Robert : *De la musique ? C'est intéressant. Vous dites que c'est comme de la musique. Qu'est-ce que vous entendez ?*

Client : *Cela ressemble à du bon rock.*

Robert : *OK, maintenant je comprends. Fantastique. Prenons un moment pour être vraiment avec ça. Une chose que j'aimerais faire, c'est établir une échelle de zéro à dix, où zéro est « je ne suis pas du tout dans mon état COACH » et dix « je suis dans le meilleur état COACH que j'ai jamais vécu ». Si vous vérifiez à l'intérieur de vous maintenant, et que vous laissez venir le chiffre du niveau auquel vous êtes actuellement, ce serait combien ?*

Client : *C'est huit et demi.*

Robert : *Super. Ravi de voir huit et demi. Mais tout d'abord j'ai une question : d'où ce chiffre est-il venu ? Comment l'avez-vous su ? Parce que c'est intéressant, ils viennent de différents endroits en nous.*

Client : *Depuis le bas vers le haut. Mais le centre est ici* (en indiquant son cœur).

Robert : *Par curiosité, huit et demi, c'est déjà bien élevé, mais si vous vouliez l'augmenter ne serait-ce qu'un petit peu, que faudrait-il que vous fassiez ?*

Client : (Il commence à s'étirer et allonger sa colonne vertébrale.)

Robert : *Ah, c'est intéressant. Il s'agit de quelque chose avec votre corps. Je souligne ça parce que vous avez dit qu'une partie de votre intention était de pouvoir avoir un état COACH solide et durable. Alors, qu'est-ce que vous venez de faire ? De quoi étiez-vous conscient ?*

Client : *D'une certaine façon, je veux me mettre debout.*

Robert : *On y va ?*

Client : (Il se lève, Robert le suit.) *C'est mieux.*

Robert : *Qu'est-ce qui a changé pour vous ?*

Client : *C'est beaucoup plus facile d'aller plus profondément dans cet état. C'est vers neuf.*

Robert : *Et comment le savez-vous ? Qu'est-ce qui rend les choses plus faciles ?*

Client : *Il y a le ressenti de cette énergie qui traverse. Et il y a des quantités de belles personnes ici* (en pointant l'audience), *avec des regards intelligents. Et cela ressemble vraiment à cette expérience.*

Robert : *Fantastique. Bon, juste pour commenter : pourquoi est-ce que je demande tous ces détails ? Parce qu'en ce moment tout va bien. Nous pouvons accéder à un bon état de ressource maintenant. Mais au cours de la session nous allons rencontrer des obstacles et nous aurons besoin de tous ces éléments de remémoration : ces gestes, cette image, cette musique. Ils deviennent tous des ancres que vous pouvez utiliser pour retrouver cet état dans des situations difficiles.*

Et d'ailleurs, pour s'entraîner, lorsque vous avez posé ça comme intention aviez-vous en tête certaines situations où il n'est pas si facile et naturel pour vous d'accéder à cet état de ressource ?

Client : *Quand je suis fatigué. J'ai beaucoup de sessions de formation et de conseil. Et par ailleurs je dois développer mon propre projet. Alors je perds beaucoup d'énergie.*

Robert : *Lorsque vous dites ça, c'est facile de voir arriver le CRASH. Alors, là tout de suite, quand vous pensez à ces situations, à quoi s'établit votre niveau COACH ?*

Client : *Environ quatre.*

Robert : *Ce que nous disons souvent dans le processus de coaching génératif, c'est que bien sûr que si votre état COACH est à 8,5 ou 9, c'est super. Mais vous n'avez pas besoin d'être parfait pour être malgré tout génératif. Nous disons que si vous descendez en dessous de 7 sur 10, votre créativité chute rapidement. Donc dans ces situations de formation où vous travaillez énormément, ce serait un peu dur d'exiger « Je devrais toujours être à 10 ! » Mais 4 va probablement aggraver les choses. Donc ce que j'aimerais explorer avec vous, c'est ce que vous pourriez faire pour remonter le niveau de votre état COACH. Quand vous vous mettez à l'écoute, à être centré, ouvert, conscient et connecté, lequel semble le plus faible lorsque vous êtes à 4 ? Est-ce que ce serait plutôt « j'ai perdu mon centre » ou « je suis moins ouvert ou conscient ? » Bien sûr, il pourrait s'agir d'une combinaison.*

Je pose cette question, parce qu'une partie de ce que nous cherchons à faire en coaching génératif consiste à augmenter notre propre conscience de nous-même. Si je ne suis pas conscient de quelque chose, je ne peux rien y faire, je n'ai aucun choix. Mais si je peux être conscient de ce qui se passe, même dans un état CRASH je peux commencer à avoir des choix. Est-ce que je veux rester comme ça ou est-ce que je voudrais être un peu plus centré ou plus ouvert ? Alors, qu'est-ce que vous diriez dans ces situations ? Ce serait quoi ?

Client : *Je commence à me déconnecter du monde extérieur, je suis dans une sorte de cocon.*

Robert : *Alors tout d'abord je veux dire « bienvenue » au cocon. Je suis sûr que cela fait sens. J'investis tellement*

dans tout cela, une partie de moi veut juste se déconnecter. Donc, bienvenue. Je suis sûr qu'il est là pour une très bonne raison. Il veut faire quelque chose de très positif. Si vous accueillez le cocon, de quoi prenez-vous conscience ?

Client : *Il m'aide à me détendre et à me régénérer.*

Robert : *Se détendre. C'est intéressant. Se régénérer. Oui, c'est intéressant. En réalité, il essaye de vous éviter d'être encore plus déconnecté et plus fatigué.*

Client : *Non. Il me dit qu'il est temps de me recharger.*

Robert : *Il vous dit qu'il est temps de vous recharger. C'est bien. C'est intéressant. C'est bon à savoir. Et j'aimerais savoir si au lieu de laisser votre état COACH descendre jusqu'à 4, vous pourriez soutenir cette intention de vous recharger et rester centré, rester ouvert et rester connecté, à quoi pouvez-vous vous connecter qui vous aide à vous recharger ?*

Client : *Je pense que c'est à mon rêve, mon idée, avec le monde et avec les gens.*

Robert : *Nous avons donc deux images puissantes et intéressantes. L'une est le feu d'artifice, l'autre le cocon. Qu'arrive-t-il au feu d'artifice quand vous rentrez dans le cocon ?*

Client : *Il s'arrête et reste par là* (il indique son plexus solaire).

Robert : *C'est intéressant. Et comment sait-il qu'il est temps de revenir ?*

Client : *C'est comme si le cocon fondait. Et alors le feu d'artifice redémarre.*

Robert : *C'est intéressant. J'aimerais savoir ce que serait votre modèle somatique du cocon ?* (Le client plie les bras et se penche en avant.)

C'est intéressant. Et quel est votre modèle somatique pour le feu d'artifice ? (Le client lève les bras au-dessus de sa tête et s'étire en arrière.)

C'est intéressant. Et pour le moment, ces deux choses sont déconnectées.

Et nous remarquons quelque chose de très intéressant. Si mon intention est d'être ceci (il lève les bras au-dessus de sa tête et s'étire en arrière) *tout le temps, qu'est-ce qui arrive ? Cela* (il replie les bras et se penche en avant) *intervient. L'un est le complément de l'autre. Je me demande comment ce serait si au lieu de faire tellement de ceci* (il lève les bras au-dessus de sa tête et s'étire en arrière) *que vous soyez obligé de faire cela* (il replie les bras et se penche en avant), *si vous pouviez doucement faire des allers-retours entre les deux ? Ce serait comment ?*

Client : (Commence à alterner les deux gestes.) *Cela ressemble à de la natation.*

Robert : (Reproduit le mouvement en miroir.) *C'est de la natation.*

Client : *Quand on fait un mouvement puis qu'on se laisse glisser sur l'eau pour faire une pause.*

Robert : *C'est intéressant.*

Client : *C'est formidable.*

Robert : *Maintenant, si nous revenons à toutes ces sessions dont vous parliez tout à l'heure, si vous pouviez nager à travers, ce serait comment ?*

Client : *Je pense que je le fais parfois comme ça. Mais parfois je veux nager encore plus vite et je fais toutes sortes de mouvements et d'efforts inutiles.*

Robert : *C'est intéressant. Accueillons cela aussi. Il y a quelque chose en vous qui veut nager plus vite et qui fait des mouvements inutiles. Bienvenue. Où habite en vous cette partie qui veut aller plus vite ?*

Client : *Je sens comme un vecteur de direction depuis le plexus solaire, et ce genre de mouvement.* (Il fait un geste rapide de la main et du bras droit à partir du plexus solaire.)

Robert : *Bienvenue.*

Client : *Et il y a un mot « en avant ».*

Robert : *Bienvenue à un autre membre de l'équipe. Je serais curieux de savoir ce qui arriverait si vous faisiez ce geste un peu plus lentement, en étant en état COACH, et en honorant cette intention d'aller en avant.*

Client : (Fait le geste plus lentement, en marquant des temps d'arrêt.) *C'est comme de ramer sur un bateau, où après le mouvement, il glisse sur l'eau. C'est un mouvement libre, facile et ressourçant.*

Robert : *Pour pratiquer moi-même l'aviron, je sais que si on manœuvre trop vite les rames on ne va pas plus vite. Il faut laisser ce temps de glissement. Alors maintenant, si vous faites ce mouvement de ramer en devenant ce feu d'artifice, ce cocon, ce désir d'aller de l'avant, que se passe-t-il ?*

Client : (Il fait un mouvement de rame rythmique et fluide.) *Il y a un bateau qui glisse facilement sur l'eau et il y a beaucoup de feux d'artifice tout autour. Et c'est aussi comme une randonnée qui vous apporte du plaisir et de la joie.*

Robert : *Vérifions à nouveau en repensant à ces périodes où vous faites beaucoup de sessions. Il y a quelques minutes quand vous y avez pensé, votre état COACH est descendu à 4. Que se passe-t-il maintenant quand vous pensez aux mêmes situations ?*

Client : *Je veux faire un petit mouvement de rame et apprécier le mouvement du bateau puis faire ça* (il fait le mouvement de ramer) *encore et glisser facilement sur l'eau. Et c'est plein de ressources.*

Robert : *À combien diriez-vous qu'est votre état COACH lorsque vous faites ça ?*

Client : *9,5. On va garder ce demi-point pour l'avenir* (Il sourit largement).

1) AIDEZ LE CLIENT
À ACCÉDER À SON
ÉTAT COACH À
UN NIVEAU OPTIMAL.
10
9
8
7
6
5
4
3
2
1
0
2) FAITES LE
CONTRASTE AVEC
UNE SITUATION
OÙ LE NIVEAU
DE L'ÉTAT COACH
EST INFÉRIEUR À 7.
À FAIRE
3) LAISSEZ LE CO
VOUS GUIDER. QUE
PASSE-T-IL LORSQ
VOUS PASSEZ
LENTEMENT D'U
ÉTAT À L'AUTRE
EN AVANT !

6) INTÉGREZ DANS
UN NOUVEL
ÉTAT OPTIMISÉ.
9.5
4) EXPLOREZ
'INTENTION
TIVE DE L'ÉTAT
E MOINDRES
RESSOURCES.
5) ACCUEILLEZ
TOUTE AUTRE PARTIE
QUI A UN MESSAGE.
EN AVANT
ANTONIO MEZA

Cette démonstration illustre à quel point les personnes ont au départ une carte figée de l'état COACH. Dans ce cas, cela ressemblait à un feu d'artifice, mais lorsque nous réfléchissons à ce qui arrive à un feu d'artifice : il se consume. Il est donc équilibré par le « cocon », dont l'intention est la régénération. Un processus génératif implique toujours ce type de conversation entre des opposés. Si nous nous référons à la philosophie chinoise, nous pouvons dire que notre yang doit être équilibré par notre yin. Une grande partie du coaching génératif consiste à ramener ces représentations dans un état plus flexible. Donc à la place du feu d'artifice contre cocon, nous avons la natation. C'est une représentation nouvelle et différente. Amener ces éléments ensemble dans un état COACH nous permet d'inclure les deux parties dans une nouvelle représentation.

Dans ce cas, il y avait une autre partie qui voulait avancer rapidement. Mais chercher à aller trop vite allait également déclencher la réaction du cocon. Et là encore, plutôt que de chercher à s'en débarrasser, nous disons *« Bienvenue. Quelle est votre représentation pour cela ? Comment pouvons-nous ajuster vos filtres COACH pour inclure cette partie et amener son expression à un état plus fluide ? »*

Nous explorerons cette dynamique entre complémentarités plus loin, dans le chapitre sur l'étape 5, qui consiste à transformer les obstacles.

RENFORCER L'ÉTAT COACH

Dans les deux démonstrations présentées dans ce chapitre, Steve et Robert reproduisent en miroir les gestes et mouvements de leurs clients et leur renvoient ce qu'ils ont dit en feed-back. Cela concerne la notion de création d'un champ COACH, qui émerge de la résonance entre l'état du coach et celui du client. Si le coach est simplement assis en train de regarder le client faire ses mouvements, alors c'est « moi avec lui/elle ». « Moi » et « toi » sont séparés. **Nous voulons créer un champ du « nous ».** C'est également la raison pour laquelle nous partageons certains de nos ressentis internes en tant que coach lorsque le client parle ou s'exprime en mouvement. Un champ COACH est toujours un « nous », ce n'est pas « votre état » et « mon état », c'est « notre état ».

Dès que le client commence à comprendre et dispose de quelques bonnes expériences de référence pour l'état COACH, un champ COACH plus puissant peut se développer grâce à des pratiques telles que celle qui suit.

Renforcer l'état COACH

1. Asseyez-vous face à face dans une posture équilibrée, alignée et détendue.
2. Amenez votre conscience dans votre corps et votre respiration et devenez présent.
3. Tout en gardant le contact visuel, faites-vous à tour de rôle les déclarations suivantes :

   J'invite la qualité de l'état centré en moi-même et dans l'espace de la relation entre nous.

   J'invite l'énergie de l'ouverture en moi-même et dans l'espace de la relation entre nous.

   J'invite une plus grande conscience en moi-même et dans l'espace de la relation entre nous.

   J'invite un meilleur sens de la connexion à moi-même et dans la relation entre nous.

   Je m'engage à soutenir ce qui émergera en moi-même et dans l'espace de notre relation.
4. Partagez entre vous ce que vous ressentez comme présent dans le champ de votre relation, par exemple : *« Je ressens à la fois de la force et de la tristesse dans l'espace entre nous. »*
5. Posez votre intention pour la durée de votre interaction, par exemple : *« Mon intention est de rester connecté à ma créativité et mon humour durant notre interaction aujourd'hui. »*

Une fois qu'un champ COACH robuste est établi entre le coach et le client (au moins 7 sur une échelle de 10), vous êtes prêts à passer à la deuxième étape : clarifier et poser l'intention de la session de coaching.

Toutefois, c'est important de garder à l'esprit qu'il ne faut pas oublier l'état et le champ COACH après l'étape 1. C'est au contraire le point d'attention fondamental d'un bon coach. Nous aimons souligner que si le niveau d'état COACH du client est descendu en dessous de 7, vous avez environ cinq secondes pour l'aider à revenir à l'état COACH avant qu'il n'atteigne un point de bascule et ne perde sa capacité de résilience. Si le client commence à descendre à 5, 4, 3, etc. et entre en sérieux état CRASH, il ne vous reste qu'à vous arrêter et réinitialiser toute l'interaction.

Look beyond yourself.
The keys to your heart's desire
lie beyond the eyes and ears
you hold
against the world
and cannot be claimed even
in the rightings of all the wrongs
you have suffered in your life.

The past
is not a path to fulfillment.
Your history is for lessons
and not for life.

Passion lives
in the present
and
in the future
now waiting for you
ready to deliver
your deepest wish.
Nick LeForce

Regarde au-delà de toi-même.
Les clés du désir de ton cœur
se trouvent au-delà des yeux et
des oreilles que tu places
face au monde
et ne peuvent être revendiquées même
par le redressement de tous les torts
dont tu as souffert dans ta vie.

Le passé
n'est pas un chemin de plénitude.
Ton histoire sert les apprentissages
pas la vie.

La passion vit
dans le présent
et
dans le futur
qui t'attend
prêt à réaliser
ton vœu le plus cher.

4

ÉTAPE 2 – POSER DES INTENTIONS OU DES OBJECTIFS

La deuxième étape de notre coaching génératif en six étapes consiste à poser une intention. Son but est d'activer notre conscience créative vers un futur positif et chargé de sens en définissant une direction claire. Même si vous ne connaissez pas encore les détails de votre destination, vous devez fixer votre direction. La question que nous posons généralement : « Que voulez-vous créer par-dessus tout dans votre vie ? » C'est une étape critique dans le processus du coaching génératif. Quel est le futur positif et chargé de sens que vous voulez apporter au monde ? Tel que Nick LeForce l'exprime dans le poème ci-contre : « La passion vit dans le présent et dans le futur qui t'attend, prêt à réaliser ton vœu le plus cher. » En coaching génératif, nous voulons travailler avec ce vœu le plus cher.

Le mot « intention » vient du latin *intendere*, qui signifie littéralement « tension, action de tendre » ou « intensité, augmentation ». L'*intention* est généralement définie comme « le but, la finalité ou l'objectif vers lequel les pensées sont dirigées », ou « l'anticipation d'un résultat qui guide vos actions planifiées ». On peut aussi l'utiliser pour signifier « la détermination à agir d'une certaine façon ». Les intentions sont donc ce que nous voulons ou espérons accomplir au travers de notre activité.

Par exemple, une personne avec l'intention « d'aider » peut ne pas savoir exactement ce qu'elle va faire ou ce qu'elle aura besoin de faire, mais elle est prête et désireuse de s'engager dans toutes sortes d'actions spécifiques qui pourraient satisfaire cette intention générale. En ce sens, les intentions sont génératives.

Mohammed Yunus, le lauréat du prix Nobel, en est un bon exemple. Lorsque son pays natal, le Bangladesh, est devenu une nation indépendante au début des années 1970, il est rentré de ses études aux États-Unis avec l'intention d'aider les nombreuses personnes démunies de son pays. Il ne savait pas ce qu'il allait faire, il savait seulement qu'il voulait trouver un moyen d'aider. En 1976, alors qu'il visitait les habitations les plus pauvres d'un village, Yunus a découvert que de tout petits prêts pouvaient faire une différence démesurée pour une personne pauvre. Il a prêté 27 dollars américains de ses finances personnelles à 42 femmes du village pour leur permettre d'acheter des bambous pour faire du mobilier. En travaillant ensemble et en s'entraidant, elles ont été en mesure de rembourser le prêt tout en faisant un bon bénéfice. Yunus a finalement développé cette approche pour créer le concept de micro-crédit qui lui a valu le prix Nobel de la Paix en 2006. Son intention « d'aider » l'a guidé pour créer un tout nouveau modèle d'économie sociale.

De même, l'intention « d'apporter de l'énergie positive » ou « de rester centré » peut avoir de nombreuses expressions spécifiques. De ce point de vue, une intention est un type de filtre qui dirige notre attention et amène certaines ressources, compétences et actions au premier plan.

DÉFINIR UNE INTENTION POUR LE CHANGEMENT GÉNÉRATIF

Comme nous l'avons souligné, l'objectif de l'étape 2 est d'aider le client à orienter son attention sur le fait de créer un futur positif et chargé de sens pour eux-mêmes et les autres. Voici le type de questions que nous posons habituellement :

- Que voulez-vous créer par-dessus tout ?
- Quelle est votre vision ou votre rêve pour une vie meilleure ?
- Que vous sentez-vous appelé à faire ou à devenir ?
- Quelle est votre aspiration la plus profonde ?

Pour qu'une intention puisse être mise en action lors d'une session de coaching, il faut qu'elle soit dirigée vers un contexte ou un domaine d'application. Dans notre travail de coaching génératif, nous identifions trois domaines d'application de base pour l'intention créative.

1. **La vie professionnelle** : les relations de travail, les relations à l'argent, au temps, etc.
2. **Les relations personnelles** : familles, relations intimes, enfants, amis, etc.
3. **La relation à soi** : corps, santé, soi futur, soi passé, etc.

Une intention peut être dirigée vers la relation à soi, les relations personnelles ou la vie professionnelle.

DES LEÇONS DE LA PART DES MOURANTS

Pour aider un client à trouver une piste d'intention chargée de sens, nous questionnons parfois l'opposé : « Que regretteriez-vous de ne pas avoir fait ou créé dans votre vie ? » Bronnie Ware est une infirmière Australienne qui a travaillé pendant plusieurs années dans les soins palliatifs, en s'occupant des patients durant les 12 dernières semaines de leurs vies. Dans son livre *Les Cinq Regrets des personnes en fin de vie*, elle a consigné ses conversations avec les personnes concernant leurs regrets ou ce qu'ils auraient fait différemment dans leurs vies. La plupart n'avaient pas honoré ne serait-ce que la moitié de leurs rêves. À l'approche de la mort ils prenaient conscience qu'il s'agissait d'un choix de leur part, et ils regrettaient profondément de ne pas avoir vraiment vécu leurs rêves, ou tout au moins une partie. Comme l'a dit l'auteur de théâtre irlandais George Bernard Shaw : « Bien des gens meurent sans avoir composé toute leur musique[1] ». Voici les cinq principaux regrets :

1. NdT : Cette citation serait en fait d'Oliver Wendell Holmes.

1. J'aurais aimé avoir le courage de **vivre *ma vie en étant fidèle à moi-même***, pas la vie que les autres attendaient de moi.

2. J'aurais aimé ***ne pas avoir autant travaillé***.

3. J'aurais aimé avoir le courage d'***exprimer mes sentiments***.

4. J'aurais aimé ***avoir gardé le contact avec mes amis***.

5. J'aurais aimé ***m'autoriser à être plus heureux***.

Une réflexion sur ces sujets de regrets peut souvent servir de guide pour amener les clients à examiner les aspects de leur vie dans lesquels ils ne sont pas actuellement génératifs.

PAS TROP SERRÉ. PAS TROP LÂCHE.

La façon de représenter et d'exprimer l'intention une fois qu'elle est posée est un élément essentiel pour l'efficacité de l'étape 2. Un dicton sage dit que « *l'énergie afflue là où l'attention se porte* ». Ce à quoi nous prêtons attention détermine ce à quoi nous consacrons notre énergie. Si l'intention est déterminée de façon trop restreinte, il n'y a pas de place pour l'énergie créative. Si l'intention est trop vague et sans fondement, l'énergie créative ne peut pas être dirigée.

Errol Flynn, la star de nombreux films flamboyants de l'âge d'or du cinéma, était un escrimeur accompli. Lorsqu'on lui a demandé comment tenir une épée correctement, l'acteur a répondu « de la même façon que vous tiendriez un oiseau, pas trop serré et pas trop lâche. Si vous le tenez trop serré, l'oiseau meurt, mais si vous ne le tenez pas assez serré, il va s'envoler et il ne vous restera rien ».

C'est une bonne métaphore pour la façon de porter une intention pour le changement génératif. Si elle est trop spécifique et détaillée, il n'y a pas de place pour la générativité. Si elle n'est pas assez enracinée et trop vague, il n'y a pas de direction pour l'action créative. Nous aimons dire qu'elle doit être « vibrante ». Cela signifie qu'elle a une silhouette définie mais pas une forme rigide et fixe. Nous recherchons toujours cet équilibre qui nous donne la possibilité d'un « flux discipliné ».

Le coaching traditionnel applique des conditions de bonne formulation à la détermination d'objectifs, comme par exemple SMART : Spécifique, Mesurable, Atteignable, Réaliste et Temporellement défini. Par exemple : « *Je veux perdre deux kilos dans les deux semaines qui viennent.* » C'est très bien pour du coaching traditionnel, mais c'est comme de dire « *Je veux prendre ma première tasse de café ou de thé à 9 h 00 demain matin.* » Il n'y a pas beaucoup de générativité impliquée ou requise. Beaucoup d'objectifs ne demandent pas de créativité.

Par opposition, dans l'exemple précédent, Mohammed Yunus n'aurait pas pu dire « *Je veux aller au Bangladesh, inventer le microcrédit en 1976 et obtenir le prix Nobel en 2006.* »

Dans le coaching génératif, nous recherchons toujours cet équilibre entre une intention suffisamment spécifique pour enclencher une action créative, mais également assez ouverte pour inclure de nombreuses possibilités.

De ce fait, si l'intention du client est trop spécifique, nous lui demandons « *Qu'est-ce que cela va vous apporter ?* » Si par exemple le client dit « *Je veux perdre deux kilos dans les deux semaines à venir* », nous demandons « *Qu'est-ce que cela va vous apporter de perdre deux kilos dans les deux semaines à venir ?* » Il pourrait répondre quelque chose comme « *J'aurai plus d'énergie et un meilleur équilibre intérieur.* » Cela peut devenir une intention qui aura bien d'autres expressions et manifestations possibles.

Si l'intention du client est trop vague, nous demanderons « *Quel serait un exemple de cette intention dans une situation concrète ?* » Si par exemple le client dit que son intention est la « *connexion* », nous demanderons « *À qui ou à quoi est-ce particulièrement important de vous connecter ?* » Le client répondra peut-être « *Je veux me reconnecter à ma fille.* » Ceci peut alors devenir une source d'actions créatives.

REPRÉSENTER UNE INTENTION POUR LE CHANGEMENT GÉNÉRATIF

Dans une session de coaching génératif, nous allons généralement nous asseoir avec le client et échanger de façon informelle sur ce qu'il attend de la session. La plupart des gens ont besoin de ce petit temps de discussion ouverte. Nous passons ensuite progressivement de façon plus formelle à l'étape 1 pour créer un bon champ COACH. De là, nous passons à ce que nous pourrions appeler *la représentation formelle de son intention* pour la session de coaching génératif. Il y a trois conditions clés à cette représentation « formelle », elle doit comporter les trois modalités suivantes :

1. **Affirmation verbale**
   (Positive, concise, résonante)
2. **Image visuelle**
   (Littérale ou symbolique, colorée)
3. **Modèle somatique**
   (Posture, geste et mouvement)

Pour initier une action créative, vous devez verbaliser l'intention, vous devez la visualiser et vous devez l'incarner pour la soutenir, parce que vous rencontrerez une résistance importante face à n'importe quel type de changement significatif. Si vous ne portez l'intention que sur une seule modalité – mots, images visuelles ou expressions somatiques – vous la perdrez vraisemblablement très tôt dans le processus.

En coaching traditionnel, les gens ne représentent souvent leur état désiré que par des mots. Il y a cette idée que plus vous le détaillez verbalement, plus votre objectif est clair. Mais nous constatons généralement que lorsque nous obtenons plus de mots l'intention devient plus floue ou se déconnecte des émotions et des actions. C'est là que nous voulons mettre en œuvre des intelligences multiples.

C'est pourquoi, après avoir établi un bon état COACH, le coach génératif dira « *Maintenant, entrons un peu plus dans cette intention. Je vais vous demander de l'exprimer en termes simples et positifs.* » Ici, « positif » ne signifie pas seulement bon ; cela signifie « *Que voulez-vous vraiment créer, réussir ou expérimenter ?* »

Si quelqu'un dit *« Bon, je veux arrêter de faire ceci »* ou *« Je ne veux pas faire cela »*, nous demandons *« Alors, que voulez-vous ? »* C'est ce que nous voulons dire par positif : ***il s'agit d'aller vers quelque chose de significatif que le client désire***, et non pas simplement s'éloigner de ce dont il ne veut pas. Si le client dit « *Je veux juste ne pas me sentir si mal dans mes relations intimes* », nous demandons « *Alors quel type de relation satisfaisante avec votre partenaire intime voulez-vous vraiment créer ?* »

Une autre implication de la notion de « positivité », c'est qu'il s'agit de quelque chose qui a un sens personnel profond pour le client et pas simplement une action ou un résultat superficiel. Si l'intention du client est de « changer les autres » ou de « parvenir à la réussite » ou « juste se débarrasser de la douleur », nous demandons « *Quelle différence cela ferait-il pour votre estime de vous ? Qu'est-ce que cela vous apporterait d'important ?* » Le client pourrait faire des prises de conscience « *Si je n'étais pas si angoissé, je me sentirais plus calme et confiant.* » « *Si je pouvais amener ma fille à arrêter de se droguer, je m'apprécierais en tant que mère.* » Cela permet d'orienter l'attention et l'énergie créative du client vers un « holon » plus complet de son existence.

La seconde condition, c'est que ***la déclaration verbale doit être concise***. Nous avons une petite règle en coaching génératif : vous avez droit à cinq mots maximum pour la déclaration formelle de l'intention. Nous soufflons au client de commencer par « *Ce que je veux vraiment créer, c'est…* » et à partir de là ajouter cinq mots. Nous offrons la première partie de la déclaration, ces mots ne comptent pas pour la limite de cinq. Mais une fois qu'il arrive au bout du plongeoir « Ce que je veux vraiment créer, c'est… » nous comptons ostensiblement sur nos doigts le nombre de mots utilisés, parce que la plupart des gens dépassent rapidement la limite. Nous dirons alors avec humour « *Bip. Désolé, vous avez dépassé la limite. Essayez encore.* »

Nous faisons cela parce que c'est vraiment important de concentrer l'attention sur l'intention et de la formuler le plus simplement possible. Si vous commencez à utiliser beaucoup de mots, alors vous vous déplacez vers l'esprit cognitif seul. Vous commencez à diluer l'intention avec « *J'aimerais bien, mais… et alors ça pourrait être ça aussi.* » Ou « *Laissez-moi vous expliquer un peu plus cette partie…* » Et tout cela dilue le pouvoir de l'intention.

De plus, toutes les recherches montrent que vous oubliez quand vous dépassez 9 mots. Donc si je vous expliquais ce que je veux en 150 mots et que vous me demandiez demain « *Rappelez-moi ce que vous vouliez ?* » Je vous répondrais « *Eh bien, ce que je voulais… qu'est-ce que c'était, déjà ? Je ne sais plus, quelque chose à propos du bonheur.* » Un mot. Nous cherchons donc à nous focaliser sur ces quelques mots clés dont les gens vont se souvenir longtemps.

C'est pourquoi nous avons pour troisième condition que ***les mots doivent trouver une résonance dans le corps***. L'une des découvertes les plus importantes des recherches c'est que les mots ont un pouvoir magique lorsqu'ils résonnent quelque part dans le corps. Nous voulons donc que la formulation de l'intention soit positive, concise et résonnante. Lorsque le client verbalise son intention, vous devez observer et ressentir « Est-ce que ça a l'air de résonner dans son corps ? » Si c'est uniquement dans sa tête, cela n'arrivera pas. Si vous ne ressentez pas de résonance, dites-lui « *Bien, j'entends que c'est important, mais tandis que vous l'exprimez je cherche à ressentir à quel endroit de votre corps cela vibre réellement.* » Une fois encore, tant que les mots n'ont pas éveillé quelque chose dans le corps et le système nerveux, ce ne sont que des mots.

Et en termes de ce que nous appelons le « champ COACH », cela doit non seulement vibrer chez le client, mais cela doit également résonner dans votre corps en tant que coach. Nous aimons dire à nos clients « *Si je ne peux pas le ressentir, alors probablement que personne d'autre ne le ressentira. C'est facile avec moi, je cherche à m'ouvrir pour ressentir ce que vous voulez vraiment. Je veux que vous me touchiez avec ce que vous éprouvez.* »

Nous ajoutons « *Tant que vous n'avez pas touché au moins une autre personne avec votre rêve, il ne se réalisera pas.* » C'est l'une des choses que nous faisons en tant que coach génératif : nous représentons la communauté et l'ensemble du monde. Nous faisons remarquer au client que « *cela ne se concrétisera pas dans le monde tant que vous ne touchez pas les gens.* » Comme le disait Steve Jobs « *Si vous rêvez seul, vous restez un rêveur. Si vous rêvez avec les autres, vous transformez le monde.* » C'est pourquoi vous devez être capable de toucher les autres avec votre rêve.

Une fois que le client peut énoncer son intention de façon positive, concise et résonante, il doit la visualiser. ***Les mots doivent être accompagnés d'une image en couleurs***. Elle se présente parfois spontanément, sinon nous demandons « *Quelle serait l'image, la représentation visuelle associée à ces mots ?* » Les représentations visuelles peuvent être des images métaphoriques ou des images de la réalité sociale, littéralement comme une photo, et c'est bien d'avoir les deux. S'il n'y a que des dauphins et des anges, ce n'est pas très ancré dans la réalité classique. D'un autre côté, si le client dit « *Je me vois assis sur une chaise disant ceci et faisant cela* », une bonne partie du potentiel de créativité disparaît. C'est donc une bonne chose d'avoir à la fois une image de rêveur et une image plus réaliste de l'intention.

Finalement, ***le client doit incarner l'intention***. Tant qu'elle ne traverse pas son corps, c'est juste une idée intéressante. Un proverbe inspirant de Papouasie-Nouvelle-Guinée dit que « *Le savoir n'est qu'une rumeur jusqu'à ce qu'il soit dans les muscles.* » Nous l'adaptons au coaching génératif en disant « *Une intention n'est qu'un vœu pieux tant qu'elle n'est pas dans les muscles.* »

Nous demandons donc à notre client « *Si vous demandez à votre corps de faire un mouvement qui représente votre intention, pouvez-vous me montrer à quoi cela ressemblerait ? Quel est le modèle somatique qui accompagne vos mots et images ?* »

EXPRIMER UNE INTENTION

En résumé, nous aidons le client à traduire son intention en une affirmation simple en trois parties. Nous commençons par discuter un peu de ce qu'il veut de façon informelle, puis nous établissons une bonne connexion COACH. Ensuite nous lui demandons de déclarer plusieurs fois cette affirmation en trois parties :

1. *Ce que je veux le plus créer dans ma vie, c'est…* (Cinq mots maximum).
2. *Et l'image qui le représenterait serait…*
3. *Et si mon corps faisait un mouvement pour représenter mon intention, ce serait…*

En tant que coach génératif, vous posez simplement la question et vous observez quels sont les mots, l'image et le mouvement qui émergent. Vous savez que vous avez un bon champ COACH lorsque les réponses viennent spontanément au client. Il n'a pas besoin de chercher la réponse, elle sort, et c'est même souvent une surprise : « *Je ne sais pas pourquoi c'est ça qui vient, mais c'est…* (mot/image/geste) ». Et vous laissez émerger. C'est ce qui va se produire dans un état génératif, vous n'avez rien à faire pour que cela vienne. Cela émerge tout simplement.

Les étapes suivantes constituent l'un des schémas de base pour exprimer une intention en coaching génératif.

1. Posez-vous, centrez-vous.
2. Ouvrez un champ COACH et portez votre attention sur l'intention du client.
3. Le client s'exprime :
   - *Ce que je veux le plus créer dans ma vie, c'est…* (déclaration verbale)
   - *L'image correspondante, c'est…*
   - *Et le modèle somatique de cela, c'est…* (montrer le mouvement)
4. Le coach prend le temps de recevoir et absorber chaque déclaration puis répond :
   - *J'entends que ce que vous voulez créer, c'est…* (il répète la déclaration verbale)
   - *Et les images correspondantes sont…* (il décrit les images)

– *Et un modèle somatique de cela est…* (il reproduit le mouvement)
– *Et je vous envoie tout mon soutien pour cela !*

5. Le coach invite le client à répéter le processus trois ou quatre fois, avec un contenu identique ou différent.

Démonstration d'expression de l'intention

Ce qui suit est la transcription d'une session de coaching réalisée par Steve lors de l'une de nos formations. Après avoir établi un état COACH avec le client, il le guide sur le processus d'établir une intention.

Stephen : *Explorons votre intention pour cette session. Il y a donc trois affirmations que je vais vous inviter à prononcer et mettre en mouvement lentement et attentivement, en notant simplement ce que chaque mot vient toucher, ce qu'il éveille. Voici la première : « Ce que je veux créer par-dessus tout dans ma vie, c'est… »*

Client : *Ce que je veux créer par-dessus tout dans ma vie, c'est… un sentiment de paix intérieure.*

Stephen : *Respirons avec ça. Formidable. « La paix intérieure. » Maintenant, la seconde déclaration c'est : « Si je laisse venir une image, une représentation visuelle associée à cela, ce serait… »*

Client : *J'ai une image de vagues qui arrivent sur un rivage au coucher du soleil. Il y a une magnifique lumière orange qui se reflète sur les vagues qui viennent mourir sur le rivage l'une après l'autre. Et la vague suivante qui se forme est tout aussi belle. Il y a juste des vagues qui se succèdent.*
Stephen : *C'est merveilleux. Donc une magnifique image en couleurs des vagues et du rivage, et le orange.*
Client : *Un orange doré et le soleil qui descend au loin, et cette magnifique lumière scintillante.*

Stephen : *Okay. Laissons les mots pour juste respirer cela du haut en bas de votre colonne vertébrale. Nous ne voulons pas trop de mots pour ne pas nous piéger dans le mental, mais nous utilisons les mots pour nommer l'image et nous la laissons ensuite nous guider. Vous pouvez peut-être me regarder pour cette dernière affirmation. Dites : « Si je laisse mon corps faire un mouvement simple qui représente cette intention, cela pourrait être… », et je vous invite également à prononcer l'affirmation à voix haute.*
Client : *Ce que je veux créer le plus dans ma vie, c'est l'état de paix intérieure. Et le mouvement correspondant, c'est…* (Il fait des gestes rythmiques en levant et en abaissant ses bras devant lui.)

Stephen : *Très bien. Bienvenue. Bienvenue.*
Donc prononcer quelque chose à voix haute est une façon d'apporter votre imagination dans le monde extérieur. Et vous pouvez le faire par vous-même, ce que j'encourage mes clients à faire comme une pratique pour commencer la journée ou avant une action d'importance. Prononcez vos intentions à voix haute, puis revenez à un état détendu. Parfait. On essaie encore une fois ? Cette fois nous allons voir, juste voir ce qui émerge de nouveau. Cela pourrait être l'ancienne affirmation, mais c'est

souvent un peu différent. Donc « Ce que je veux le plus créer dans ma vie, c'est... » Et je vous invite juste à regarder là. (Il montre l'espace entre eux.)

Client : *Ce que je veux le plus créer, c'est... l'humour.*

Stephen : *C'est intéressant. Donc vous voulez également créer de l'humour. Et, de nouveau, si vous vous connectez à votre image de la rivière et que vous suivez ce fil « je veux de l'humour, je veux la paix », quelle serait l'image qui va avec ça ?*

Client : *Intéressant. Une image très puissante du sourire du Bouddha.*

Stephen : *Oh, le sourire du Bouddha. Bien. Accueillons donc ce sourire du Bouddha. C'est formidable. Et « Si je laisse mon corps faire un mouvement qui accompagne ça... »*

Client : (Il fait des mouvements circulaires rythmiques avec ses deux bras qui s'éloignent et reviennent vers son corps.)

Stephen : *C'est bon. Respirons juste avec ça. On sent vraiment que vous touchez des choses très importantes pour cette prochaine partie de votre voyage. La paix, vivre en paix, vivre avec de l'humour, le coucher de soleil, l'eau, le Bouddha, ce mouvement. Bienvenue. Observez simplement comment votre esprit peut commencer à rassembler tous ces mots et ces images en une belle constellation qui commence à devenir visible dans le monde. Bienvenue. Bienvenue. Bienvenue. Voulez-vous faire un vœu ou prendre un engagement simple à partir de cette expérience ?*

Client : *Oui. J'ai l'intention de prendre ça et d'inclure ces belles images et ce ressenti agréable dans mes pratiques quotidiennes et de m'y entraîner pour que cela devienne mon état par défaut.*

Stephen : *Je vous envoie beaucoup, beaucoup de soutien pour ça.*

Client : *Merci.*

Dans cette démonstration, c'est important de noter les mesures que Steve a prises pour maintenir la connexion du client au champ relationnel génératif entre eux deux. Le commentaire de Steve « Vous pourriez peut-être me regarder pour cette dernière affirmation » et son geste vers l'espace entre eux permettent au client de rester connecté au potentiel génératif de la relation de coaching au lieu de s'isoler dans sa propre carte du monde.

AJUSTEZ VOTRE APPROCHE POUR VOUS ADAPTER AU CLIENT

Parfois le client a du mal au départ à mettre des mots sur son intention. Le coach peut alors demander *« Eh bien, avez-vous une image ? »* Ou bien dire *« Montrez-moi d'abord votre modèle somatique. »* Nous constatons souvent que les gens « n'ont pas vraiment d'image », alors nous leur disons *« Bien, montrez-moi votre intention avec votre corps. »* Ils vont le faire puis dire *« Oh, ça y est, je viens de la voir. Je vois l'image maintenant. »*

Donc bien que nous commencions habituellement par les mots pour passer ensuite à l'image et finir avec le modèle somatique, ce n'est pas un ordre rigide. Chez certaines personnes, c'est le corps qui parlera d'abord et ils pourront ensuite trouver les mots simples. Certaines personnes sont d'un naturel plus verbal, d'autres plutôt visuelles et d'autres somatiques. En tant que coach génératif, nous pouvons nous adapter à leurs besoins et à leurs styles de réflexion.

Démonstration d'ajustement de l'approche pour s'adapter au client

Vous trouverez ci-dessous la transcription d'une session de coaching guidée par Robert lors d'une de nos formations. Après avoir établi le champ COACH, il a guidé la cliente sur une variation de l'expression de l'intention.

Robert : *Alors, quelle est votre intention ? Qu'est-ce qu'il serait vraiment important de créer pour vous ?*

Cliente : *Depuis quelques jours je joue avec cette idée de créer et aider à manifester un environnement créatif.*

Robert : *Aider à manifester un environnement créatif. Y a-t-il un domaine particulier de votre vie ou un contexte dans lequel ce serait important de le faire ?*

Cliente : *Professionnellement. Soit constituer des équipes ou créer les bonnes situations pour que les équipes innovent.*

Robert : *Quand vous dites ça, je trouve cette notion de manifester un environnement créatif très enthousiasmante, en partie parce que je m'y intéresse personnellement. Je ressens quelque chose comme « Ah oui, bien. Ça a l'air vraiment super. » À quel point est-ce* *que ça résonne en vous lorsque vous dites « manifester un environnement créatif » ?*

Cliente : *Je me sens également très enthousiaste* (elle sourit largement).

Robert : *Et ça me semble bien concis.*

Cliente : *Oui, c'est délibérément concis pour que je puisse le travailler à différents niveaux. Aider à communiquer plus efficacement avec une ou deux personnes, ou dans un groupe et au sein d'une équipe.*

Robert : *Super. Et avez-vous une image particulière associée à cette intention ?*

Cliente : *En fait je n'avais pas réfléchi à une image auparavant. J'ai eu la sensation d'une couleur, il y a eu un ressenti bleu agréable. C'est très nébuleux, il n'y a pas d'image distincte.*

Robert : *En fait, je trouve que les images deviennent parfois plus claires lorsqu'on fait d'abord un geste somatique. J'ai remarqué que vous faisiez spontanément des gestes en parlant. Avez-vous un geste et un mouvement spécifiques pour votre intention d'aider à manifester un environnement créatif ?*

Cliente : *Oui, c'est quelque chose comme ça* (mouvements des mains et des bras vers l'extérieur). *C'est comme de jeter plein de Legos par terre* (rires), *et c'est une parfaite métaphore de « Nous allons construire quelque chose et créer le bon environnement. »*

Robert : *Bien, là il y a une sorte d'image, non ?*

Cliente : *Oui, mais oui* (rires) *c'est une image, vous avez raison.*

Robert : *J'adore ça. D'accord, c'est comme de « jeter des Legos par terre ». Et il y a peut-être quelque chose de bleu d'associé à ça. Je ne sais pas.*

Cliente : (rires) *Oui, c'est comme une sensation de bleu dans la pièce, je pense que ça m'aide à rester en état COACH.*

Robert : *Formidable.*

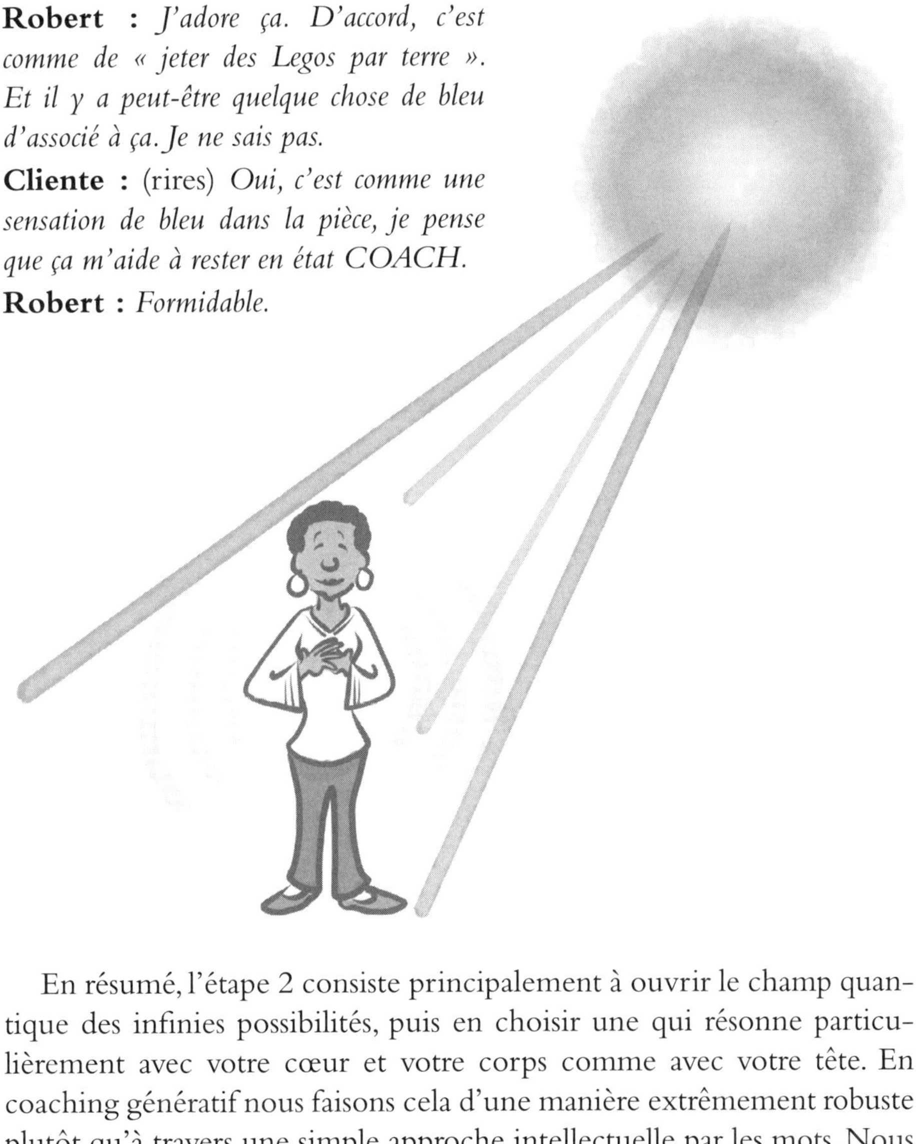

En résumé, l'étape 2 consiste principalement à ouvrir le champ quantique des infinies possibilités, puis en choisir une qui résonne particulièrement avec votre cœur et votre corps comme avec votre tête. En coaching génératif nous faisons cela d'une manière extrêmement robuste plutôt qu'à travers une simple approche intellectuelle par les mots. Nous voulons que notre client puisse l'exprimer simplement, le ressentir, le voir et le montrer avec son corps. Si son intention ne résonne pas vraiment dans son corps, dans sa vision et en mots simples, il sera peut-être connecté à des possibilités mais aucune ne deviendra réalité.

La partie suivante du processus de coaching, l'étape 3, consiste à rassembler les ressources nécessaires pour transformer l'intention en action concrète.

ENVIRONNEMENT CRÉATIF

The Variable

Remember to sit with yourself daily
and sink into states
you do not know how to bind,
thoughts you cannot package
and send off to others,
moments you cannot dress up
and take out for the day.

Take time to walk out of step
and step out of time;
to squeeze yourself
through that narrow space
between questions and answers
into the abyss we call life
where, even if for and instant,
everything is possible;

then spread that feeling like marmalade
across your life.
Let it sweeten your day.
Let it be the variable
in the equation of your habits
that orchestrates little surprises
every now and then
just enough to remind you
that there is always more
that you know

Nick LeForce

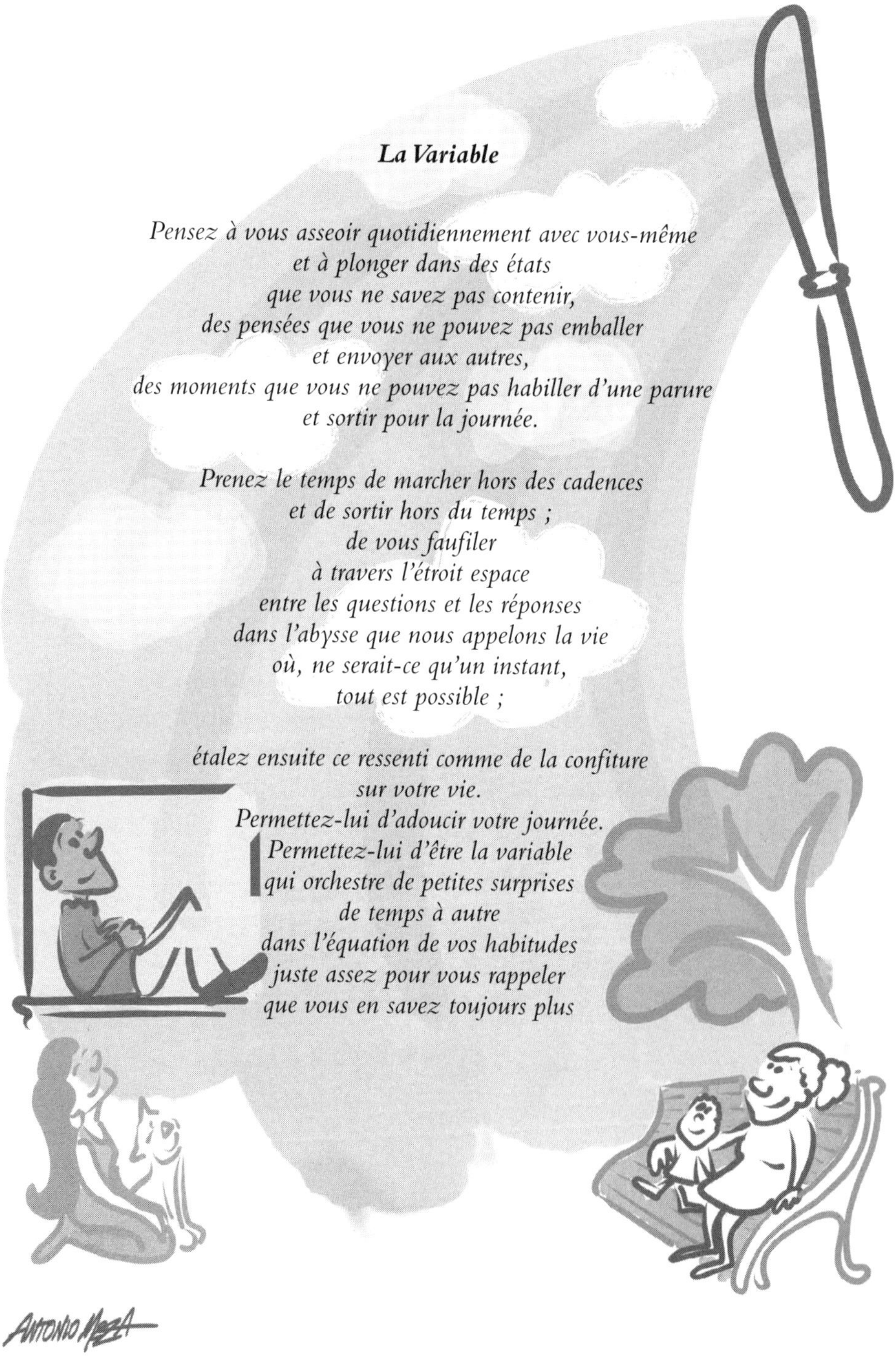

La Variable

Pensez à vous asseoir quotidiennement avec vous-même
et à plonger dans des états
que vous ne savez pas contenir,
des pensées que vous ne pouvez pas emballer
et envoyer aux autres,
des moments que vous ne pouvez pas habiller d'une parure
et sortir pour la journée.

Prenez le temps de marcher hors des cadences
et de sortir hors du temps ;
de vous faufiler
à travers l'étroit espace
entre les questions et les réponses
dans l'abysse que nous appelons la vie
où, ne serait-ce qu'un instant,
tout est possible ;

étalez ensuite ce ressenti comme de la confiture
sur votre vie.
Permettez-lui d'adoucir votre journée.
Permettez-lui d'être la variable
qui orchestre de petites surprises
de temps à autre
dans l'équation de vos habitudes
juste assez pour vous rappeler
que vous en savez toujours plus

5

ÉTAPE 3 – ÉTABLIR UN ÉTAT GÉNÉRATIF

La troisième étape du processus de coaching génératif consiste à établir un état de haute qualité de performance créative. Le but de cette étape est de développer et maintenir la conscience créative à un niveau optimal. Une fois que vous avez clarifié la direction dans laquelle vous voulez avancer en définissant votre intention à l'étape 2, la question qui vient ensuite est : *« Comment organisez-vous votre état de façon à pouvoir passer à l'action et rester dans un état stable de haute performance ? »*

Cela implique de trouver les réponses à des questions telles que *« Comment rester concentré sur son état désirable et ne pas se laisser distraire ? Comment avoir une présence corps-esprit centrée ? Comment rester connecté à des ressources aidantes et capacitantes, tant internes qu'externes ? »*

LES TROIS CONNEXIONS POSITIVES

Quoi que la vie mette sur le chemin de réalisation de votre intention, il faut l'accueillir et le traverser dans un état stable de haute performance créative. Un premier modèle de la façon d'atteindre cet état comporte le maintien simultané de trois connexions : 1) à vous-même et à votre centre somatique le plus profond – votre source, 2) à l'intention que vous voulez apporter dans votre vie, et 3) à ce que nous appelons notre « champ de ressources positives », qui inclut à la fois des éléments physiques dans l'environnement mais également des ressources non physiques de type énergétique (par exemple : mentors, modèles de rôle, membres de la famille, ancêtres, amis, lieux dans la nature, animaux de compagnie, personnages spirituels ou historiques, etc.)

Ces trois connexions produisent un état créatif très puissant. L'importance de cet état est l'une des contributions majeures du travail sur le changement génératif.

Lorsque vous pouvez maintenir réellement et solidement ces trois connexions simultanément, de nouvelles pensées et idées vont commencer à émerger naturellement et spontanément. Les choses vont commencer à venir à vous et à travers vous. Vous n'avez pas à chercher consciemment ou cognitivement à les faire venir ou les comprendre.

C'est l'essence de la « **générativité** ». Quelque chose de nouveau émerge naturellement du champ créé par les trois connexions à vous-même et votre source, à votre intention positive future et à votre champ de ressources plus large.

Les trois connexions positives

ÉTABLIR LES TROIS CONNEXIONS POSITIVES

Les étapes suivantes résument notre modèle de base pour développer un état génératif à travers les trois connexions positives.

1. Ouvrez un champ COACH.

2. Développez les trois connexions positives :
- **Intention positive** (mots, image et modèle somatique) Que voulez-vous créer par-dessus tout dans votre vie ?
- **Centrage corps-esprit** (expérience de la présence et de l'engagement) Où ressentez-vous le plus profondément la connexion de cette intention à votre corps ?
- **Ressources positives** (mentors, modèles, famille, amis, lieux, souvenirs, personnages spirituels ou historiques, etc.) Quelles connexions vous aideraient le mieux à réaliser votre objectif ?

3. Faites une auto-calibration pour optimiser les niveaux de chaque connexion au moins à 7 sur 10.

4. Commencez à travailler dans le sens de l'intention en soutenant le ressenti intérieur des trois connexions.

Démonstration de la mise en place des trois connexions positives

Voici la transcription d'une session de coaching réalisée par Steve lors de l'une de nos formations. Il guide un client pour l'amener à entrer dans un état de performance générative en suivant le modèle de base.

Stephen : *Bonjour ! Nous voilà à notre premier rendez-vous tous les deux* (rires). *Donc je me demande, puisque nous sommes là, y aurait-il une chose qu'il serait vraiment bien de réussir à réaliser ou accomplir dans votre vie ? Qu'est-ce qui serait en haut de la liste ?*

Client : *Est-ce que je dois le dire à voix haute ?*

Stephen : *Oui, s'il vous plaît. Si c'est okay.*

Client : *Il y a un projet d'affaires que je veux développer à très grande échelle.*

Stephen : *Super. Et si vous réussissez vraiment à atteindre l'objectif dans ce projet d'affaires, quel serait le résultat ?*

Client : *Je ressentirais de la joie et du calme, de la sécurité, et le fait que j'ai apporté quelque chose dans ce monde, et quand je le quitterai je laisserai derrière moi autre chose que des os.*

Stephen : *Formidable. Et qu'est-ce que vous auriez effectivement réalisé ? Est-ce que ce serait la création d'une certaine entreprise, ou la création d'un produit, ou est-ce la capacité d'apporter une contribution aux personnes de la communauté ?*

Client : *Il s'agit plutôt d'une communauté de personnes qui voient les choses de la même façon et qui sont unies par l'idée de poser le même regard sur les choses.*

Stephen : *Je me demande si vous pouvez le représenter par une image visuelle. Est-ce que les gens formeraient un cercle en se tenant par la main ? Est-ce qu'ils feraient quelque chose ensemble ?*

Client : *Oui, ça ressemble à ce qui se passe ici, avec beaucoup de monde et je suis en quelque sorte sur la scène.*

Stephen : *Bien. Et en termes de temps, est-ce que ce serait dans un mois, dans six mois, dans un an, dans deux ans ?*

Client : *Dans deux ans.*

Stephen : *Super. Alors entrez vraiment dans le ressenti de « pendant les deux années qui viennent, je veux vraiment faire tout mon possible pour créer cette communauté positive ». Et à la fin de ces deux années, quel serait votre modèle somatique pour « J'ai réussi ! » ?*

Client : (Il sourit et lève les deux bras en geste de triomphe.) *Oui !*

Stephen : (Il reproduit le mouvement en miroir.) *Refaites-le encore quelques fois.*

Client : (Il lève à plusieurs reprises les bras au-dessus de sa tête en geste de triomphe.) *Oui ! Oui ! OUI !*

Stephen : (En reproduisant le mouvement en miroir.) *Fantastique ! Nous pourrions peut-être essayer au ralenti pour que vous puissiez ressentir ce « Génial, j'ai réussi » à l'intérieur. Et vraiment en éprouver le ressenti.*

Client : (Il lève lentement les mains au-dessus de sa tête en geste de triomphe.)

Stephen : (Reproduit plus lentement le mouvement en miroir.) *Y a-t-il des images qui viennent avec ça ?*

Client : *C'est plutôt des sons. Des applaudissements, des hourras.*

Stephen : *Fantastique ! Oui ! Très bien. Sur une échelle de un à dix, quel est le niveau d'importance de ce ressenti d'être capable de créer quelque chose comme ça pour votre chemin de vie ?*

Client : *C'est un gros projet et ça a l'air assez impressionnant. Je dirais autour de six.*

Stephen : *Six. C'est bon à savoir. Et vous pouvez ressentir et me dire où vous percevez ça le plus profondément dans votre corps ?*

Client : *Ici.* (Il pointe la zone juste sous son diaphragme.)

Stephen : *Donc il y a là* (en pointant la zone juste sous le diaphragme) *quelque chose qui veut vraiment sortir. Formidable. Donc ce serait votre centre. Si vous commencez à monter trop là-haut* (il montre le haut de la poitrine et la tête), *vous n'irez probablement pas très loin. Mais vous pouvez vraiment ressentir cette passion profonde « je veux vraiment faire une différence dans le monde » dans le centre de votre corps.*

Client : *C'est bien ça.*

Stephen : *Une façon de renforcer et d'approfondir cette première connexion positive consiste à répéter votre modèle somatique d'engagement « je vais créer cette communauté positive ».*

Client : (Il lève les deux bras au-dessus de sa tête en un geste de triomphe.)

Stephen : (Reproduit le mouvement en miroir.) *Essayez encore plusieurs fois. C'est magique.*

Client : (Lève les bras au-dessus de sa tête plusieurs fois avec enthousiasme.)

Stephen : (Reproduit le mouvement en miroir.) *Très bien ! Et sur une échelle de 1 à 10, vous le ressentez à combien maintenant ?*

Client : *Maintenant c'est 10.*

Stephen : *Formidable. Entrer dans un état génératif, c'est un peu comme de tenir un arc et une flèche. Une partie de vous est focalisée sur l'intention future et l'autre partie est ancrée dans votre corps dans le présent. Donc lorsque vous vous connectez à votre intention, ressentez l'endroit de la connexion la plus intense dans votre corps. Prenez l'engagement envers l'intention et, en même temps, connectez-vous à votre centre. Il peut se situer ici* (il pointe la zone du diaphragme) *ou plus bas. À vous de sentir où.*

Client : (Il garde les bras tendus mais les abaisse devant sa poitrine.)

Stephen : (Fait le mouvement en miroir.) *Très bien, et maintenant maintenez ça, maintenez et dites « et je me connecte à mon centre ».*

Client : *Et je ressens la connexion à mon centre.*

Stephen : *Maintenant ressentez la connexion à l'intention et la connexion à votre centre. C'est une autre dualité conversationnelle : « Je vais vers mon intention et je descends et je reste connecté à mon centre. »*

Client : (Il agite ses poings victorieusement devant sa poitrine.) *Oui !*

Stephen : *Il est prêt à foncer. Dégagez du passage !*

Client : (En agitant ses poings victorieusement devant sa poitrine.) *Oui ! Oui ! Oui !*

Stephen : *Okay, alors nous allons faire une chose de plus – la troisième connexion. Pour faire ce voyage extrêmement important, prenez la question « À qui est-ce que je peux demander du soutien ? » Qui serait une bonne ressource qui vous apporterait vraiment du soutien, et la confiance et la certitude que vous êtes capable de faire ça ? Il peut s'agir de membres de la famille, des ancêtres, des personnages historiques, des phénomènes naturels, des lieux, etc.*

Client : *Ma famille.*

Stephen : *Votre famille actuelle ?*

Client : *Oui. Particulièrement ma femme.*

Stephen : *Est-ce que je peux me permettre de vous demander le prénom de votre femme ?*

Client : *Kirsten.*

Stephen : *Très bien. Accueillons Kirsten et imaginons qu'elle a entendu votre voix appeler « Kirsten ! » Sentez dans cet espace autour de vous où se trouve la présence de Kirsten. Ça pourrait être ici… ou… là.* (Il montre différents endroits autour du corps du client.)

Client : *Un peu derrière mon dos sur la droite.*

Stephen : *Et qu'est-ce qu'elle dirait ou qu'elle ferait ?*

Client : *Elle dirait « Je crois en toi. Tu peux le faire. »* (Il croise les mains sur son cœur.)

Stephen : *« Je crois en toi. »* (Il fait le geste en miroir.) *Fantastique. Sentez juste sa présence. Je vois qu'il y a plus de douceur qui apparaît dans votre corps lorsque vous le faites. Et sur une échelle de 1 à 10 à combien ressentez-vous sa présence ?*

Client : *Neuf.*

Stephen : *Super. Maintenir ces trois connexions va vous mettre dans un état de performance supérieur. Un principe de base du changement génératif dit « Ne vous demandez pas d'agir tant que vous n'avez pas créé les conditions de la réussite. » Et ces trois connexions sont les conditions fondamentales de la*

réussite. Donc, encore une fois, la première étape est de vous connecter à votre intention. Dites « Je vais le faire. » et trouvez le modèle somatique.

Client : *Je vais le faire !* (Il lève les deux bras au-dessus de sa tête en un geste de triomphe.)

Stephen : *Bien. Maintenant la deuxième étape : « Je me connecte également à mon centre. Plus je vais dans le monde, plus je descends dans mon centre. »*

Client : (Il baisse les bras et agite victorieusement les poings devant sa poitrine.) *Oui !*

Stephen : *Et tout en me connectant à mon centre, je m'ouvre au soutien de mon champ de ressources. Je ressens la présence de ma femme et son message « Je crois en toi. »*

Client : (Il croise les mains sur son cœur.)

Stephen : *Et lorsque vous avez ces trois connexions, vous êtes réellement prêt à passer à l'action.*

Client : *Oui ! Je me sens tout à fait capable de le faire.*

Stephen : *Et je vous envoie tout mon soutien.*

Établir les trois connexions positives.

CLAP
CLAP
CLAP
OUI !
3) PREMIÈRE CONNEXION : L'INTENTION
OUI ! OUI ! OUI !
4) SECONDE CONNEXION : LE CENTRE
JE CROIS EN TOI
5) TROISIÈME CONNEXION : LE CHAMP DE RESSOURCES

SUIVRE LES TROIS CONNEXIONS POSITIVES

Une fois que les trois connexions positives ont été établies, il faut suivre en continu la force des connexions entre elles. Comme nous l'avons souligné plus tôt, une session de coaching a toujours deux niveaux :

1. **Le contenu du travail**, et
2. **Le contexte** (l'état sous-jacent des filtres au sein desquels le travail se déroule).

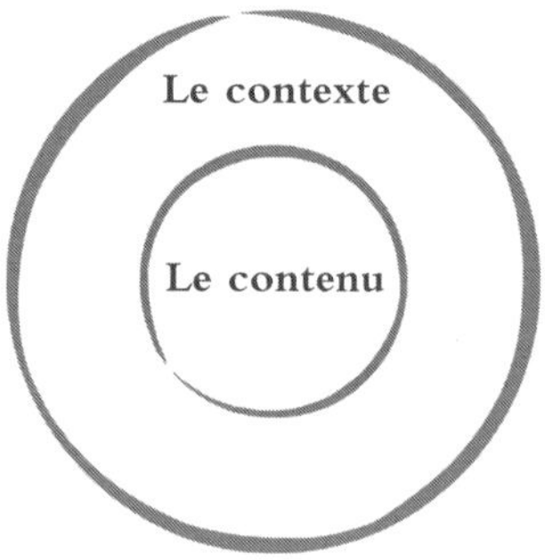

Un bon coach génératif piste en permanence les deux niveaux, en donnant la priorité à l'état des filtres. À chaque fois que les filtres qui portent le contenu partent vers un état CRASH, il faut mettre en pause le « travail de performance » le temps de rétablir un état COACH. La responsabilité principale d'un coach génératif est donc de développer, surveiller et maintenir un état COACH et les trois connexions positives à la fois pour le client et pour lui-même. La qualité de l'état COACH et des trois connexions positives détermine directement la qualité de la créativité de la session.

Si la force de l'une des trois connexions positives descend en dessous de 7 sur 10 durant une session de coaching, le niveau de générativité et de performance va chuter de façon spectaculaire.

Dans la démonstration précédente, Steve a fait la comparaison avec le fait de bander un arc et pointer une flèche. Un type de tension créative émerge de la relation d'équilibre entre les forces d'une main qui pointe la flèche et de l'autre qui tire la corde vers soi. Le niveau de cette tension créative s'adapte à la direction et à la distance de la cible. C'est comme l'équilibrage des forces d'aller dans le monde avec son intention et ressentir la connexion à son centre en même temps. Lorsque vous pouvez créer cet équilibre et ajouter la connexion à vos ressources, vous créez une sorte de bulle de sécurité autour de vous.

Pour créer et maintenir cet équilibre au cours d'une session de coaching génératif, il faut garder les points suivants à l'esprit :

- Les trois **connexions positives peuvent fluctuer** sur un *continuum*.
- Se **focaliser** sur une connexion peut réduire le lien aux autres.
- L'**auto-évaluation** est un outil très simple et utile pour suivre et optimiser les connexions dans la durée.
- Pour rester dans un état génératif, le **niveau de connexion** doit être au moins à 7 sur 10.
- L'auto-évaluation peut être utilisée à tout moment n'importe où pour **calibrer** le niveau des connexions.
- Dans les sessions de coaching génératif, on l'utilise régulièrement pour **jauger et ajuster** les niveaux d'intensité.

Il y a trois moyens de base pour augmenter une connexion :

1. le langage,
2. les images visuelles,
3. le modèle somatique.

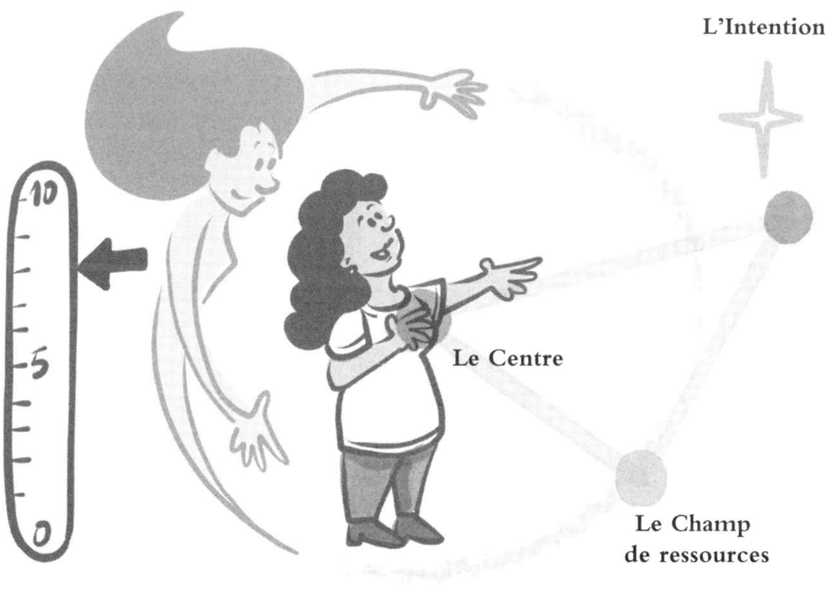

Démonstration du suivi des trois connexions positives

Voici la transcription d'une session de coaching réalisée par Robert lors de l'une de nos formations pour aider une cliente à utiliser l'auto-évaluation et la modélisation somatique pour établir et maintenir les trois connexions positives.

Robert : *Je suis ravi de partager ce moment avec vous, et je suis certain que nous pouvons faire quelque chose de magique au cours de cette session. Et tout d'abord, avant même de réfléchir à ce sur quoi vous aimeriez travailler, j'aimerais que nous prenions quelques instants pour nous mettre en état COACH. Il me semble qu'en ce moment votre énergie est plutôt là-haut* (Il fait un geste vers le haut de la poitrine et la tête). *Donc nous allons prendre une inspiration et nous tourner en nous-mêmes vers un endroit suffisamment profond pour être toujours spacieux et sécure. Simplement se connecter à cet endroit, respirer dans cet endroit, ressentir ce souffle se répandre dans le corps comme une vague de chaleur. Quand vous faites ça, qu'est-ce qui se passe pour vous ?*

Cliente : *Une sensation de calme.*

Robert : *Oui, et quelque part en particulier ? Est-ce que c'est dans l'ensemble du corps ou y a-t-il un endroit où vous remarquez plus ce calme ?*

Cliente : *C'est tout autour de moi.*

Robert : *Tout autour ? Oui. Intéressant. Et je vois un peu plus d'étincelles s'allumer dans vos yeux. Et je* *sens aussi plus de présence ici dans la connexion entre nous. C'est agréable de se connecter autour de cet endroit calme.*

Client : *Oui.*

Robert : *Formidable. Sur une échelle de 0 à 10, à combien estimeriez-vous votre sensation de connexion à cet endroit de calme et de ressources maintenant ?*

Cliente : *Je dirais que ça oscille entre 6 et 7.*

Robert : *Entre 6 et 7. C'est bon à savoir. Qu'est-ce qui pourrait vous aider à la stabiliser à 7 ou plus ?*

Cliente : *Détendre mon cou et mes épaules* (Elle bouge le haut du corps) *et ressentir le sol sous mes pieds.*

Robert : *Que se passe-t-il quand vous faites ça ?*

Cliente : *Elle devient plus forte, plutôt 8 sur 10. Et je peux m'ouvrir plus* (Sourires.).

Robert : *Oui. Et je sens de plus en plus d'énergie d'espièglerie. Prête à jouer ?*

Cliente : *Prête à jouer.*

Robert : *Qu'est-ce qui serait vraiment intéressant pour vous et dont vous voudriez créer plus dans votre propre vie ?*

Cliente : *Je veux créer une plus grande sensation d'ouverture, et que cette ouverture soit présente plus souvent.*

Robert : *Est-ce qu'il y a des endroits où ce serait particulièrement important d'avoir cette ouverture ? Quel serait un contexte particulièrement important pour vous ?*

Cliente : *Ce qui me vient à l'esprit, c'est au travail.*

Robert : *D'accord. Au travail. Essayons maintenant d'en faire une déclaration en cinq mots. Comment pourriez-vous le dire simplement ?*

Cliente : *Je veux créer un espace d'ouverture plus spontané au travail.*

Robert : *Très bien. En fait ça me semble bien concret – « Ce que je veux vraiment créer, c'est un espace d'ouverture plus spontané au travail. » Lorsque vous le dites, est-ce que ça résonne dans votre corps ? Qu'est-ce qui se passe à l'intérieur de vous quand vous le dites ?*

Cliente : *Il y a une inquiétude de ne pas y arriver.*

Robert : *Nous aimons à dire qu'en général dans les cinq secondes qui suivent la déclaration d'une intention réelle, l'autre côté apparaît. Et ça fait sens. Donc cette inquiétude va faire partie de l'équipe. Je veux juste dire à cette inquiétude « Bienvenue. Bienvenue dans l'équipe. » Quand vous le faites, qu'est-ce qui se passe ?*

Cliente : *Bienvenue.* (Elle se détend et sourit.)

Robert : *Oui. Je vois des étincelles revenir. Super. Donc oui, il y a naturellement cette crainte « Est-ce que je vais en* *être capable ? » Et en même temps, vous voulez quand même vraiment cet espace d'ouverture plus spontané au travail.*

Cliente : *Oui.* (Elle parle avec assurance.) *C'est vraiment ce que je veux.*

Robert : *Avez-vous une image de ce à quoi ça ressemblerait ?*

Cliente : *Oui, j'en ai une. C'est l'image d'un endroit de lumière, un endroit de brise légère, des bleus, des verts, du ciel bleu, et un grand ciel, une étendue ouverte.*

Robert : *Oui. Alors ce n'est certainement pas une image littérale de votre environnement de travail. On dirait plutôt une image du ressenti de l'ouverture spontanée – cette étendue ouverte, le ciel bleu.*

Cliente : *Oui. Le ciel bleu.*

Robert : *Beaucoup d'ouverture. Et quel serait votre geste pour cette intention ? « Ce que je veux vraiment créer au travail, c'est… »*

Cliente : (Elle fait des mouvements circulaires avec ses bras.) *Je fais le tour du cercle. Et je suis fluide.*

Robert : (Il reproduit le mouvement en miroir.) *Bien. J'aime bien le côté fluide. Nous allons mettre les trois ensemble : vous allez dire les cinq mots « Je veux vraiment créer… » et voir l'image et faire le geste.*

Cliente : *Ce que je veux créer avant tout c'est un espace d'ouverture spon-*

tané au travail. (Elle fait des mouvements spontanés avec ses bras.)

Robert : *J'ai remarqué une hésitation dans votre voix à la fin quand vous avez dit « au travail ». Quelle est la force de la connexion à cette intention que vous ressentez maintenant, à quel point vous sentez-vous engagée ?*

Cliente : *Je suis engagée à créer un espace d'ouverture spontané. Et je pense qu'il y a bien plus de choses qui viennent, parce qu'en fait c'est ce que je veux dans beaucoup d'autres endroits.*

Robert : *Donc vous voulez vraiment créer plus de ce ressenti d'ouverture spontanée dans votre vie, le travail étant un domaine clé.*

Cliente : *Oui, donc ce que je veux le plus créer, c'est un sens spontané d'ouverture au travail et dans ma vie. Dans ma vie !* (Elle fait des mouvements circulaires des bras avec enthousiasme.)

Robert : *Oui.* (Il reproduit le mouvement en miroir.) *Formidable. À quel point ressentez-vous votre connexion à ça maintenant ?*

Cliente : *Quand je l'ai dit, il y a eu de la chaleur qui a traversé tout mon corps.*

Robert : *C'est bon à savoir. Voilà une bonne calibration. Sur une échelle de 1 à 10, quel est votre niveau de connexion à ça ?*

Cliente : *9. Oui, c'est vraiment 9.*

Robert : *Bien. Maintenant, voici la seconde question : maintenant que vous avez cette connexion à 9, à quel point vous sentez-vous encore connectée à vous-même et à votre centre ?*

Cliente : *Je crois que je me suis un peu déconnectée.*

Robert : *C'est bien de le savoir. Prenons donc le temps d'apporter de l'attention à la fois à votre intention et à votre centre. Qu'avez-vous besoin de faire pour être un peu plus connectée à vous-même ? Quel geste vous y aiderait ?*

Cliente : (Elle fait des mouvements circulaires des bras vers le corps.) *Il faut juste que je les ramène ensemble un peu plus.*

Robert : (Il reproduit le mouvement en miroir.) *Oui, c'est logique.*

Cliente : (Elle respire profondément et sourit.) *Je suis là.*

Robert : *Okay, super. « Je suis là. Et je sais ce que je veux. » Maintenant je vais vous inviter à passer à la troisième connexion. Pour être plus spontanément ouverte au travail – et dans votre vie – vous allez avoir besoin de vous connecter à des ressources qui vont vous aider et vous soutenir pour atteindre cette ouverture spontanée. Si vous maintenez ces deux connexions à vous-même et à votre intention et que vous vous ouvrez à ce vaste champ de ressources, qui vient, ou qu'est-ce qui vous apparaît, qui serait un réel soutien pour vous et assurer que ça se produise ? Vous n'avez pas besoin de réfléchir ou de chercher à comprendre. En maintenant ces deux connexions, laissez juste venir quelque chose.*

Cliente : *Alors ce qui est venu, c'est une voix très douce. Je ne sais pas à qui la voix appartient, mais elle parlait vraiment tout bas. Et elle parle tellement doucement qu'on*

ne l'entend parfois pas, personne ne l'entend. (Elle fait des gestes circulaires autour de ses oreilles avec ses mains.)

Robert : *Oui. Alors prenons le temps de respirer avec ça. Et je vois qu'il se passe quelque chose avec vos mains.* (Il reproduit le mouvement en miroir.) *Faisons juste une pause. Je crois que c'est Emerson qui a dit « Faisons silence pour pouvoir entendre le chuchotement des dieux. » Prenons un moment pour dire à cette voix « Bienvenue. »*

Cliente : *Bienvenue.*

Robert : *Oui.*

Cliente : *C'est vraiment fascinant, parce que la voix veut être accueillie, qu'on la laisse entrer. Et elle a beaucoup à dire. Mais elle n'est pas souvent entendue.*

Robert : *Oui.*

Cliente : *Elle est là.* (Elle fait des gestes près de ses oreilles avec ses mains.)

Robert : *Oui, elle est là.* (Il fait le mouvement en miroir.) *Juste là. Et on veut s'assurer que la connexion avec cette voix est forte. Si vous y pensez là maintenant, sur une échelle de 0 à 10, quel est votre niveau de connexion à cette voix ?*

Cliente : *Autour de huit.*

Robert : *Comment savez-vous que c'est huit ?*

Cliente : *Parce que je l'entends tout près. Je peux vraiment la sentir. C'est* *comme de la douceur dans l'espace et c'est presque tangible. Ce n'est pas solide, mais ça occupe l'espace.*

Robert : *Merveilleux. Prenons maintenant le temps de tester ces trois connexions. J'ai cette voix. J'ai mon intention « Ce que je veux c'est vraiment créer plus de cette ouverture spontanée dans mon travail et dans ma vie. » Et puis j'ai cette connexion à moi-même. Pour faire en sorte que ça se réalise, je dois maintenir mon engagement et écouter. Je dois rester connectée. Donc si vous testez votre connexion à chacun des trois, là maintenant – votre intention, vous-même et cette voix douce – quel est votre niveau de connexion ?*

Cliente : *Ça demande un effort.*

Robert : *Ça demande plus que ça. Ça demande de l'entraînement.*

Cliente : *C'est vraiment difficile.*

Robert : *Et c'est pourquoi vous avez un coach. Explorons quelque chose. Quel serait votre modèle somatique et votre mouvement pour cet état génératif dans lequel vous pouvez réellement rester connectée à votre intention, à vous-même et à cette voix douce ? À quoi ressemblerait le mouvement ?*

Cliente : (Elle bouge les bras en mouvements circulaires, puis fait un geste circulaire des bras vers le corps et finalement remonte vers les oreilles. Elle reproduit silencieusement cette séquence plusieurs fois.)

Robert : *Oui.* (Il reproduit le mouvement en miroir.) *C'est ça.*

Cliente : (Elle prend une inspiration profonde avec un large sourire.) *La voix est venue à l'intérieur.*

Robert : *Oui. Qu'en est-il de la connexion à vous-même ?*

Cliente : *Oh oui. C'est bon maintenant, tout fonctionne.* (Elle continue sa séquence de mouvements avec enthousiasme.)

Robert : *Formidable. Voilà un ton de voix magnifique. Lorsque vous parlez, on dirait que ça sort des profondeurs de votre corps.*

Cliente : *Tout à fait ! Ça vient de là* (elle pointe son plexus solaire).

Robert : *Oui, oui. Notre prochaine étape consiste à nous préparer à passer à l'action en maintenant ces trois-là ensemble.*

Cliente : *C'est bon pour moi. Je suis déjà en marche ! C'est super.* (Elle continue à faire sa séquence de mouvements avec enthousiasme.)

Robert : *C'est bon ?*

Cliente : *Oh oui, maintenant je suis prête.*

Robert : *Je vous crois.*

Cliente : *Merci. Oh, c'est formidable !* (Grand sourire.)

Nous tenons à insister à nouveau sur la signification de rejoindre les clients dans leurs gestes et modèles somatiques en coaching génératif. C'était une partie importante des deux démonstrations présentées dans ce chapitre. Reproduire les mouvements du client en miroir sert à renforcer à la fois l'intelligence somatique et le champ d'intelligence entre le coach et le client.

Le véhicule du changement créatif n'est ni le coach ni le client, c'est l'espace conversationnel qu'ils partagent. Le coach cherche donc à le trouver, et s'y abandonner pour se laisser soutenir et guider. Et ses actions professionnelles émergent alors de cet espace du « nous ».

C'est également utile de remarquer comment les deux premières étapes préparent la troisième. La première concerne uniquement la connexion à mon centre au travers de l'état COACH. La seconde étape consiste à définir mon intention et m'y connecter. À la troisième étape, nous maintenons les deux et nous y ajoutons la connexion aux ressources supplémentaires dont nous avons besoin pour atteindre cette intention.

Une fois qu'on a établi un état génératif puissant, il est temps d'aller à l'étape 4 et de passer à l'action !

Suivre les trois connexions positives

4) SE CONNECTER AU CHAMP DE RESSOURCES
BIENVENUE
5) RECONNAÎTRE ET ACCUEILLIR TOUTES LES OBJECTIONS
ANTONIO MEZA

The Door

Go and open the door.
Maybe outside there's a tree
or a wood,
a garden,
or a magic city.
Go and open the door.
Perhaps outside
there is a dog rummaging.
Maybe you'll see a face,
or an eye,
or a picture of a picture.
Go and open the door.
If there's a fog
it will clear.
Go and open the door.
Even if there's only
the singing darkness,
even if there's only
the wind's hollow breath,
even if
there is absolutely nothing there,
Go and open the door.
At least
there'll be
a breeze.
Miroslav Holub

La porte

Allez ouvrir la porte.
Peut-être y a-t-il dehors un arbre
ou un bois,
un jardin,
ou une cité magique.
Allez ouvrir la porte.
Peut-être dehors
y a-t-il un chien en train de fourrager.
Peut-être verrez-vous un visage,
ou un oeil,
ou l'image d'une image.
Allez ouvrir la porte.
S'il y a du brouillard
il se dissipera.
Allez ouvrir la porte.
Même s'il n'y a que
les ténèbres chantantes,
même s'il n'y a que
le souffle vide du vent,
même si
il n'y a absolument rien là,
allez ouvrir la porte.
Au moins
il y aura
une brise.

Antonio Meza

6

ÉTAPE 4 – PASSER À L'ACTION

La quatrième étape du processus de changement génératif consiste à passer à l'action. C'est là que le processus de coaching génératif se concentre vraiment sur le fait d'amener l'intention à une expression concrète – en passant du champ quantique à la réalité classique. Le point majeur de cette étape est la façon de traduire un rêve en expression concrète. L'objectif de l'étape 4 est donc de développer des plans et les mettre à jour, en utilisant le feed-back pour ajuster et affiner le mouvement vers la réalisation de l'intention. Cela implique de décomposer le tout en parties, puis de les assembler en une séquence ou « chemin critique ».

L'étape 4, c'est le moment où on peut dire : *« C'est bon. On s'y met. On reste concentré sur les actions nécessaires. On avance. On continue de progresser dans le monde. »* L'objectif du coach est de soutenir le client et maintenir sa concentration sur les actions nécessaires pour atteindre l'état désiré.

Les questions auxquelles on doit répondre à l'étape quatre comprennent : *« Quelles sont les actions clés nécessaires pour manifester votre intention ? Quel est le chemin critique ? Comment créez-vous un chemin qui soit clair et concret tout en ayant suffisamment de flexibilité pour rester génératif et rester ouvert pour prendre conscience des opportunités que vous n'aviez pas anticipées, et faire des corrections ? »*

Pour répondre à ces questions, il faut commencer à placer les choses sur une ligne du temps et faire un « scénarimage » (ou « storyboard »). On définit à la fois les actions clés et le feed-back dont on aura besoin pour amener la vision et l'intention dans l'action. À l'étape quatre du coaching génératif, il y a deux processus clés que nous aimons utiliser : « l'image-niérie » (ou « imageneering ») et le « scénarimage » (ou « storyboarding »).

IMAGINIÉRER UN CHEMIN VERS LA RÉUSSITE

« Imageneering » est un mot inventé par Walt Disney pour décrire le processus qu'il utilisait pour élaborer des rêves puis les concrétiser. L'un des collaborateurs de Disney a donné un aperçu puissant du processus d'imaginiérie en disant : *« ... il y avait en fait trois Walt différents : le **rêveur**, le **réaliste** et le **saboteur**. On ne savait jamais lequel allait venir en réunion. »* L'imaginiérie implique la coordination de ces trois sous-processus : le Rêveur, le Réaliste et le Critique, qui sont tous nécessaires pour passer de l'intention à l'action efficace.

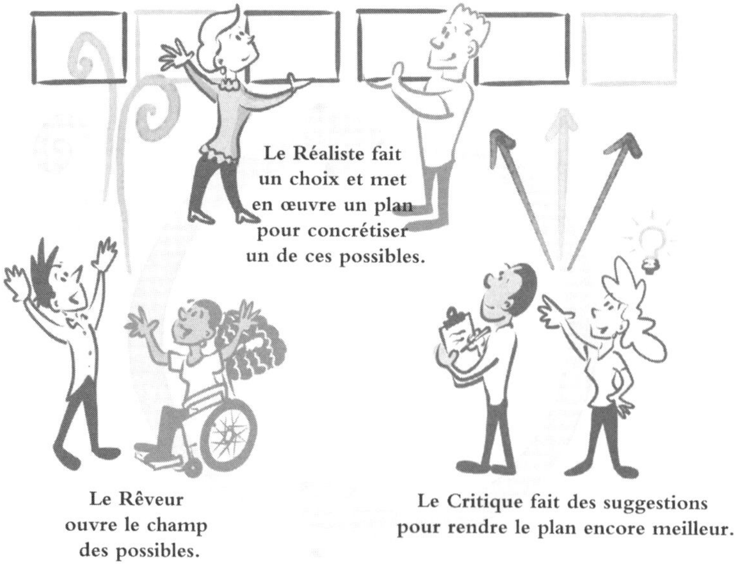

COORDONNER LE RÊVEUR, LE RÉALISTE ET LE CRITIQUE

Le **Rêveur** est nécessaire pour élaborer de nouvelles idées et de nouveaux objectifs. Il faut un **Réaliste** pour transformer les idées en expressions concrètes. Le **Critique** est indispensable pour évaluer, filtrer et affiner les étapes pour obtenir quelque chose qui soit à la fois efficace et écologique.

Un Rêveur sans Réaliste ne peut pas transformer les idées en expressions tangibles. Un Critique et un Rêveur sans Réaliste restent coincés dans un conflit permanent. Un Rêveur et un Réaliste pourraient créer des choses, mais n'atteindraient pas le niveau d'excellence nécessaire sans un Critique. Le Critique aide à évaluer et affiner le chemin de créativité.

En résumé :

- Un Rêveur sans Réaliste ni Critique n'est que cela : un Rêveur.
- Un Réaliste sans Rêveur ni Critique est un Robot.
- Un Critique sans Rêveur ni Réaliste est un Saboteur.
- Un Rêveur et un Réaliste sans Critique sont un service de recherche et développement – ils font beaucoup de prototypes mais n'ont pas le niveau de qualité pour réussir.
- Un Réaliste et un Critique sans Rêveur sont une Bureaucratie.
- Un Rêveur et un Critique sans Réaliste sont des montagnes russes maniaco-dépressives.

Le Rêveur ouvre de nouveaux possibles | **Le Réaliste les transforme en nouvelle réalité.** | **Le Critique améliore le résultat.**

QUESTIONS D'IMAGINIÉRIE

Le processus d'imaginiérie peut donc être associé à trois domaines de questionnement : 1) le **« rêveur »** (là où l'on génère le tout et les parties d'une vision), 2) le **« réaliste »** (là où l'on traduit le rêve en structure concrète) et 3) le **« critique »** (là où l'on améliore constamment l'expression de l'intention). Un coach génératif peut accompagner ses clients vers la réalisation de leurs intentions de façon sage et équilibrée en s'assurant qu'ils ont des réponses claires dans chacun de ces domaines de questionnement. Vous trouverez ci-dessous un résumé des questions fondamentales pour « imaginiérer » efficacement la transformation d'une intention positive en expression concrète.

Rêveur :

- *Quelle est votre intention positive ?*
- *Quel est le but plus large de cette intention ?*
- *Quels en sont les bénéfices potentiels pour vous-même et les autres (famille, amis, collègues, etc.)*
- *Quelles autres possibilités cette intention pourrait-elle ouvrir dans le futur ?*

Réaliste :

- *Quel est le cadre temporel pour aboutir à votre intention ?*
- *Quels sont les acteurs clés pour la réalisation de votre intention ?*
- *Quelles sont précisément les prochaines étapes indispensables pour progresser ?*
- *Qu'est-ce qui vous prouvera que vous progressez ?*
- *Quelles sont les ressources disponibles pour vous aider à réussir à aboutir à votre intention ?*

Critique :

- *Qu'est-ce qui manque à votre plan actuel ?*
- *Qui pourrait être affecté positivement ou négativement par la réalisation de votre intention ?*
- *Pourquoi pourrait-on mettre une objection à l'aboutissement de votre intention ?*
- *Quels seraient les besoins ou les attentes des autres ?*
- *Qu'avez-vous besoin de perfectionner perfectionner, modifier ou changer dans ce plan ?*

« *SCÉNARIMAGER* » *LES ÉTAPES POUR METTRE L'INTENTION EN ACTION*

Le **scénarimage** est un processus également développé par Walt Disney pour définir ce type de chemin. La capacité à découper et séquencer ses rêves en éléments de taille gérable était la principale stratégie d'imagénierie de Disney, et sa plus grande force de réaliste. Il est à l'origine du processus de scénarimage, ou « storyboarding », maintenant utilisé par tous les grands réalisateurs.

Un storyboard est comme une table des matières visuelle – c'est un ensemble d'images fixes (littérales ou symboliques) qui représentent la séquence critique des évènements nécessaires pour passer d'une situation présente à un état désiré. Une présentation PowerPoint efficace, par exemple, est une forme de storyboard. Le processus de « storyboarding » est une façon très puissante d'organiser et planifier qui peut se montrer particulièrement utile pour aider un client à créer un chemin de réalisation de son intention.

Pour assister un client dans la production d'un storyboard pour la réalisation d'une intention particulière, vous le guiderez à l'aide des questions d'imaginiérie présentées plus haut – en insistant particulièrement sur les questions du « réaliste » – puis en l'aidant ensuite à explorer comment il pourrait organiser ses réponses en une séquence d'étapes.

Vous trouverez ci-après un exemple de type de scénarimage, montrant un chemin possible de l'intention à la réalisation.

Poser une intention

S'ouvrir aux possibilités

Transformer le critique intérieur

Trouver du soutien extérieur

Se connecter à ses ressources

Célébrer les réussites clés

POSER LE STORYBOARD SUR UNE LIGNE DU TEMPS PHYSIQUE

Dans notre travail de coaching génératif, c'est important pour nous d'engager l'intelligence somatique du client dans le processus de storyboarding. Une façon de le faire consiste à utiliser une « ligne du temps » physique pour aider le client à identifier et séquencer les étapes pour atteindre son intention.

Pour faire une ligne du temps physique, nous transformons en fait l'espace en temps. Nous demandons au client d'imaginer une ligne sur le sol avec un point qui représente le présent, une direction qui indique le futur et l'autre le passé.

Nous invitons ensuite le client à se placer sur la ligne, sur le point représentant le présent et face à la direction du futur, et de se mettre en état COACH. Pour la phase **« rêveur »** du processus, nous lui demandons d'orienter son attention vers le futur sur la ligne du temps et de revisualiser ou recréer son intention positive depuis l'étape 2 de notre modèle en six étapes (sous forme de cinq mots, une image et un modèle somatique). Nous établissons ensuite les trois connexions nécessaires à l'état génératif (son centre somatique, son intention future et son champ de ressources positives).

Le Rêveur pose une intention

Tout en rappelant au client de maintenir ces trois connexions, nous l'invitons à avancer sur la ligne du temps vers le futur jusqu'à un point représentant la réussite de son intention. Nous veillons à ce qu'il puisse réellement voir, entendre et ressentir ce à quoi la réalisation de l'intention ressemblera.

Nous sommes maintenant prêts à passer à la phase « **réaliste** » du processus et entrer en action. Nous invitons le client à revenir à la position du « présent » sur sa ligne du temps et nous lui demandons d'imaginer cinq à sept points sur la ligne entre l'état présent et l'état désiré de l'intention réalisée. Ces points indiquent des actions clés indispensables pour atteindre l'intention.

En vérifiant que le client est bien en état génératif, nous l'invitons ensuite à se placer sur le premier point. En utilisant des images, des mots et des modèles somatiques, le client engage son inconscient créatif pour explorer ce qui doit se passer à cette première étape pour pouvoir avancer dans la direction de l'intention.

Nous avançons ensuite lentement sur la ligne du temps en reproduisant ce processus à chacun des points jusqu'à ce que le client parvienne au point de l'intention réalisée. Lorsqu'il atteint l'état désiré, il a une bonne idée des étapes clés, ou storyboard, nécessaires pour atteindre son intention.

SUBDIVISER LE STORYBOARD

Dans un premier temps, nous demandons au client de se focaliser seulement sur les « gros morceaux », c'est-à-dire les étapes principales pour passer de l'état présent à l'état désiré. Ensuite nous continuons à affiner le storyboard par le processus de « découpage » en éléments de plus en plus petits.

Le découpage implique de décomposer quelque chose en éléments de plus en plus petits pour pouvoir les manifester. Par exemple, pour écrire ce livre nous avons dû le découper en chapitres, puis découper les chapitres en thématiques, les thématiques en points clés, les points clés en phrases, les phrases en mots, les mots en syllabes, et finalement les syllabes en lettres.

De la même façon, aider un client à passer à l'action implique le découpage de son intention en storyboard, puis le découpage du storyboard en étapes de plus en plus détaillées. On le fait habituellement en se focalisant sur les étapes principales du storyboard les unes après les autres et en demandant *« Que faut-il faire, précisément, pour réussir cette étape ? »* Là encore, la réponse à cette question est explorée sous forme d'images, de mots et de modèles somatiques.

Cette pratique aide à clarifier les étapes principales et à définir la séquence de buts spécifiques nécessaire pour accomplir chaque étape.

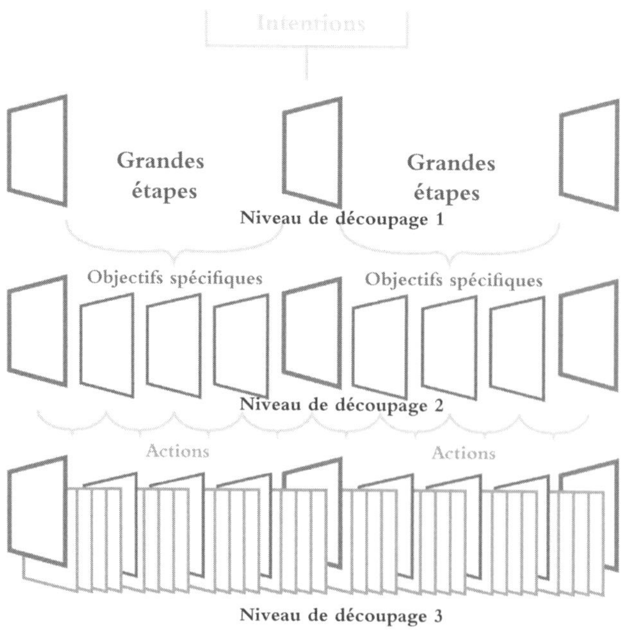

Ce même processus de découpage de plus en plus fin peut ensuite être répété pour chacun des objectifs spécifiques pour définir les actions successives nécessaires à leur réalisation.

C'est le type de processus que toutes les personnes productives appliquent pour réaliser leurs rêves et intentions. Ce genre d'approche permet de garder l'ensemble en perspective plutôt que de *« perdre la forêt de vue à cause des arbres »*. Ce processus est en perpétuelle élaboration, révision, affinement et transformation. C'est pourquoi il faut la pleine conscience créative de l'état COACH et les trois connexions de l'état génératif pour le guider.

Voici la trame du processus de storyboarding résumée en étapes fondamentales :

1. Posez une **ligne du temps physique** depuis l'état présent jusqu'à l'état désiré.
2. Commencez en **état COACH** et définissez ou reconnectez-vous avec l'intention positive.
3. Établissez les **3 points de connexion** de l'état génératif (centre somatique, intention et champ de ressources).
4. Déplacez-vous physiquement jusqu'à l'**état désiré** dans le futur sur la ligne du temps.
5. Placez **5 à 7 points** représentant le chemin de base depuis l'état présent jusqu'à l'état désiré.
6. Allez sur le premier point et **utilisez des images, des mots et des modèles somatiques** pour engager l'inconscient créatif et explorer ce qui doit se produire à cette étape.
7. Déplacez-vous lentement jusqu'au deuxième point et trouvez de nouveaux modèles somatiques, images et mots.
8. **Passez par chacun des points** de la ligne du temps jusqu'à ce que le storyboard soit complet.
9. Parcourez lentement la ligne du temps plusieurs fois, **en décomposant à chaque fois plus finement** pour préciser les étapes.

Démonstration de la création d'un storyboard

Voici la transcription d'une session de coaching réalisée par Steve lors de l'une de nos formations : il guide une cliente sur les étapes du début de création d'un storyboard.

Stephen : *C'est toujours bien de commencer une session en disant : « Commençons par le début. J'ai besoin d'un moyen pour établir une connexion positive avec moi-même. » Avez-vous une bonne méthode pour ça ?*

Cliente : *Juste la respiration.*

Stephen : *Et bien si vous êtes d'accord, vous pouvez me coacher et m'enseigner comment on utilise cette méthode.*

Cliente : *Juste une respiration tranquille et profonde, en inspirant par le nez et en expirant par la bouche, en respirant jusqu'au ventre.*

Stephen : *Alors allons-y au ralenti pour que vous puissiez ressentir la connexion au cœur et au ventre. Prenez le temps de pratiquer cette respiration profonde par le nez, sentez-la s'installer et voyez jusqu'où vous pouvez descendre pour sentir votre énergie retourner profondément dans la terre.* (Il fait avec ses mains un mouvement comme s'il poussait vers la Terre.)

Cliente : (Elle reproduit le mouvement en miroir.) *Il y a trois racines.*

Stephen : *C'est une sorte de processus intéressant de voir jusqu'où vous pouvez descendre. Qu'est-ce qui se passe quand vous faites ça ?*

Cliente : *C'est vraiment relaxant, ce mouvement.* (Elle répète le mouvement.)

Stephen : *Super. Donc si ça vous va, ce sera notre état COACH de base. Et nous aurons probablement besoin en chemin de faire des pauses et de revenir à quelque chose comme ça, se reconnecter à cette base, revenir à cette connexion simple. À combien estimez-vous votre niveau d'état COACH sur une échelle de 1 à 10 à ce stade ?*

Cliente : *Je dirais huit.*

Stephen : *Super. Alors notre étape suivante, c'est : « Que voulez-vous créer par-dessus tout dans votre vie ? »*

Cliente : *J'aimerais créer de la richesse dans ma vie.*

Stephen : *On parle de combien de richesse ?*

Cliente : *Infinie.* (Elle fait un large geste ouvert avec ses mains et elle rit.)

Stephen : *« Je veux de l'argent ! »* (Il rit.) *Voilà le modèle somatique pour ça.* (Il reproduit le geste en miroir.) *Ça vous va bien. Non, vraiment, ça me touche beaucoup de vous entendre parler depuis cet endroit. Vous êtes détendue et en même temps vous vous sentez dans l'abondance, ouverte et à l'aise. Je n'ai pu que remarquer que votre corps a vraiment traversé un changement lorsque vous avez dit : « Je veux créer de la richesse. »*

Cliente : *Je m'ouvre à la possibilité. Je me sens aussi un peu honteuse, comme si je ne devrais pas dire ça devant toutes ces personnes. Ça a l'air cupide.*

Stephen : *Mais je vois que ce n'est pas de la cupidité. Que vous parlez vraiment depuis ici* (Il montre le cœur.).

Cliente : *Oui. Vous avez raison. Je le sens dans mon cœur.*

Stephen : *Oui. Prenons juste quelques minutes pour descendre dans l'intelligence de votre cœur. Quelque chose en vous veut vraiment créer une vie avec de la richesse et toutes les différentes expériences qui y sont associées. Je suggère que nous utilisions cette connexion pour faire une première ébauche de storyboard. Sans vraiment s'attacher aux détails, mais en disant : « Je suis vraiment en train de prendre l'engagement d'ouvrir ma vie à cet endroit et vivre d'une façon plus large et plus heureuse. »*

Cliente : *« Finie la petitesse. »*

Stephen : *Finie la petitesse. Super. Alors je vous invite à établir cette connexion avec votre cœur et faire le premier pas sur votre ligne du temps.*

Cliente : (Elle commence à avancer sur la ligne du temps. Elle a le souffle court et les mâchoires serrées.)

Stephen : *Ahah, vous avez vu ?* (Il indique sa tête et ses mâchoires.*) Chaque client a des signes révélateurs d'état CRASH. Donc vous remarquez ça, et vous lui indiquez que c'est l'un de ses signes. Donc voici* (il pointe la mâchoire) *un signe qu'elle s'est coupé de sa créativité première. En tant que coach, je me dois de le remarquer parce que si elle parcourt la ligne du temps comme ça* (il serre les dents)*, ce sera juste un tas de bazar sans authenticité, et son critique va la démolir après. C'est habituellement dans cette mâchoire verrouillée que se trouve la colère critique.*

Alors si vous vous connectez à votre cœur à ce stade de votre vie, vous aimeriez dire : « Non, je ne veux pas vivre à partir de ce que je devrais être ou ne peux pas être. Je veux vivre pour mon rêve le plus passionné. » Est-ce que c'est bien ça ?

Cliente : *Oui.*

Stephen : *C'est bon à savoir. Donc à nouveau, en tant que coach je vous rappelle que si vous essayez d'y arriver à partir d'ici* (il pointe la tête et la mâchoire*), vous allez finir dans le caniveau de la critique. Si vous écoutez ici* (il pointe le cœur)*, il guidera chacun de vos pas sur le chemin.*

Cliente : (Elle prend une inspiration profonde, touche son cœur et fait un geste d'ouverture vers l'avant.)

Stephen : *Bien. Quand vous partez de cet endroit, je ressens juste une énergie magnifique,*

c'est impressionnant, on dirait que c'est vraiment l'un de vos dons principaux.

Cliente : *Mes mâchoires sont apaisées et détendues.*

Stephen : *Si vous pouvez rester connectée avec cet endroit dans votre cœur et soutenir la question de comment créer réellement cet état d'abondance heureuse, quel serait le premier pas à faire ?*

Cliente : (Elle avance sur la ligne du temps en faisant des gestes vers l'extérieur depuis son cœur.) *S'ouvrir aux possibilités.*

Stephen : *S'ouvrir aux possibilités. Et alors si vous y pensez en termes d'ouvrir les possibilités à des choses spécifiques que vous pouvez faire dans votre vie de tous les jours, qu'est-ce que ce serait ? Quelle action précise que vous pourriez faire dans votre vie quotidienne pourrait commencer à traduire les possibilités infinies en : « Je le fais, j'avance, je le crée, je le vis. » ?*

Cliente : (Elle fait des gestes à partir de son cœur.) *Commencer la procédure de vente de mon entreprise.*

Stephen : (Il reproduit le geste en miroir.) *Vendre votre entreprise. Super. C'est un gros morceau. Arrêtons-nous pour ressentir cette décision, cet engagement, on sent que ça touche de nombreux niveaux différents de votre vie.*

Cliente : *C'est comme de laisser partir « le bébé ».*

Stephen : *Oui. Quand je m'accorde à ça avec vous je sens cette espèce d'ouverture calme. Et aussi un grand sérieux, un sérieux calme.*

Cliente : *Tout à fait.*

Stephen : *Super. En termes de découpage, quelles sont les étapes que vous devez réaliser pour faire ça ?*

Cliente : (Elle avance sur la ligne du temps en faisant des gestes vers l'avant à partir de son cœur.) *La première étape est de réaliser que je ne suis plus amoureuse de mon entreprise actuelle. Et me connecter à l'excitation d'une nouvelle direction.*

Stephen : *Alors faites juste un autre petit pas vers cette excitation et demandez-vous : « Qu'est-ce que je peux faire de simple ensuite ? »*

Cliente : (Elle avance sur la ligne du temps en faisant des gestes de son cœur vers l'extérieur.) *Me qualifier en Coaching Génératif.*

Stephen : *Saute le pas, camarade.*

Cliente : (Elle avance sur la ligne du temps en faisant des gestes de son cœur vers l'extérieur.) *Faire mon site web.*

Stephen : *Je vois.*

Cliente : (Elle avance sur la ligne du temps en faisant des gestes de son cœur vers l'extérieur.) *Convaincre mon mari que je vends l'entreprise.*

Stephen : *On dirait que c'est un autre gros morceau qui arrive avec cette première étape. Arrêtons-nous pour vérifier que vous êtes bien connectée à votre cœur.*

Cliente : *Ça me semble bien réel.*

Stephen : *Formidable. Donc encore une fois, nous cherchons à créer les conditions pour explorer ces endroits qui étaient inaccessibles ; « je peux vraiment entrer dans mes rêves ». Maintenant que vous occupez l'espace en tant que coach professionnelle, que vous posez le pied sur un tout nouveau territoire – comment allez-vous vous tenir, comment allez-vous vous comporter, comment allez-vous vous présenter – allons dans les étapes spécifiques. C'est une exploration qui ne se fera pas en* *une fois puisque vous allez vers un changement de carrière, c'est une pratique quotidienne dans laquelle vous vous engagez pour vous ouvrir à la nouvelle image de vous-même et à votre nouveau comportement. Je dois reconnaître : « J'ai été retenue à l'extérieur de ce territoire par mon conditionnement aux réponses CRASH. J'ai besoin de m'ouvrir à ce nouveau territoire et aux actions spécifiques, et de me demander : "Qu'est-ce que j'ai à faire concrètement ?" »*

Cliente : *Écrire le contenu de mon site web. J'ai commencé à faire un peu de coaching et j'ai adhéré à votre organisation pour pouvoir être officiellement accréditée.*

Stephen : *Bravo. Je le dis sincèrement. Bienvenue dans une communauté qui soutient vraiment votre développement professionnel. J'ai l'impression que c'est à peu près tout ce que nous pouvons mettre sur le storyboard pour maintenant, si nous ajoutions des éléments ce serait probablement trop.*

Cliente : (Elle rit.) *Trop de morceaux.*

Stephen : *Oui. C'est bon de le savoir et d'en rire. Donc se préparer à vendre l'entreprise et en discuter avec votre mari semble être une partie importante de votre storyboard, et ensuite s'occuper de créer une nouvelle identité professionnelle. Alors je vais vous proposer de poser ça à nouveau sur la ligne du temps, d'une façon que vous pourrez pratiquer quotidiennement pendant plusieurs semaines – comme une façon de commencer à trier et réorganiser la façon de vous recréer. D'accord pour reprendre les étapes ?* (Il invite la cliente à revenir au début du storyboard.)

Cliente : (Elle avance sur la ligne du temps en faisant des gestes de son cœur vers l'extérieur.) *En fait, j'ai un disque déplacé au niveau du cou, ce qui signifie que je dois rester à la réception et ne plus faire trop de traitements sur les clients. Nous sommes dans les soins de beauté. J'ai donc le temps de commencer à écrire du contenu pour mon nouveau site web et réfléchir à la construction du site. Finalement, ce disque déplacé qui est extrêmement douloureux est en fait un cadeau.*

Stephen : *Oui. C'est souvent un message. Donc si nous mettons ça dans le storyboard, l'histoire ouvre un niveau de langage créatif encore plus profond.*

Cliente : (Elle prend une respiration profonde et sourit.) *Oui, c'est comme si on me donnait l'autorisation et qu'on me permette de faire la préparation.*

Stephen : *Vous rayonnez dans cet état. Combien d'entre vous le ressentent ? C'est ce que nous voulons la coacher à faire. Connectez-vous à ça. Ne vous fiez pas à vous-même pour bouger tant que vous ne le ressentez pas.*

Il y a ensuite l'étape de « ce que je fais pour lâcher l'ancienne entreprise ». Elle comporte pas mal d'éléments dont une conversation avec votre mari.

Cliente : *J'ai une ex-employée qui l'achètera sans hésiter, j'espère. Elle a manifesté beaucoup d'intérêt.*

Stephen : *Oui. D'accord. Maintenant l'étape suivante, et cette conversation avec votre mari. Restons connectés à cet endroit dans votre cœur et avançons là.*

Cliente : (Elle avance sur la ligne du temps en faisant des gestes de son cœur vers l'extérieur.) *Ça concerne aussi sa peur de lâcher prise. Et ça me fait peur, parce que cette entreprise, c'est vraiment notre bébé.*

Stephen : *Je vois. « Lâcher l'affaire, gérer les peurs, les miennes et celles de mon mari. »*

Cliente : *Et la tristesse.*

Stephen : *Et la tristesse. Accueillons tout ça, et soutenez-le dans votre état COACH. Souvenez-vous des trois racines dont vous avez parlé au début.*

Cliente : (Elle fait un mouvement des mains comme si elle poussait vers la Terre. Elle prend une inspiration profonde et se détend.)

Stephen : *Formidable. C'est bien. Revenez à votre vraie source.* (Gestes vers son cœur.) *« Toute ma vie j'ai cherché à comprendre ce que je voulais en utilisant uniquement ma tête. Maintenant je dois vivre depuis un endroit plus profond. Et alors je reviens dans ma nouvelle identité professionnelle. Je termine ma formation au coaching et je me fais accréditer, ce sont les éléments du niveau de base sur lesquels je dois me concentrer pour traduire le rêve en réalité. »*

Cliente : *Très pragmatique.*

Stephen : *Oui, très pragmatique, et c'est ce qui va vous permettre de vous trouver dans cet état futur.*

Cliente : (Elle avance sur la ligne du temps et fait un geste d'ouverture à partir de son cœur.) *Ça ouvre l'espace et je peux l'accueillir à l'intérieur.*

Stephen : *Et maintenant ce point de « J'ai réussi ! » Ce serait quoi cet état de « J'ai réussi ! » ?*

Cliente : (Elle lève triomphalement les bras au-dessus de sa tête avec un grand sourire.)

Stephen : *Comme je l'ai dit au départ, je vous envoie sincèrement tout mon soutien pour ce beau chemin important que vous avez composé pour vous et pour votre cadeau au monde. Combien d'entre vous lui envoient leur soutien ?* (Applaudissement.)

Cliente : *Merci.*

Créer un storyboard

RECONNAÎTRE
ET TRANSFORMER
LES OBSTACLES

SE PROJETER
DANS L'ÉTAT FUTUR

Comme nous pouvons le voir dans cette démonstration, un storyboard n'est pas un simple plan intellectuel, abstrait. C'est une histoire qui inclut les réactions émotionnelles, les défis et les personnages liés au voyage créatif du changement. C'est parce que le changement génératif ne concerne pas seulement l'amélioration ou l'ajustement d'un comportement existant. Il implique souvent la transformation ou l'évolution à un niveau identitaire.

Dans cette démonstration, Steve a aidé sa cliente à décomposer son intention générale de « créer de la richesse » pour arriver au processus de changer de carrière. Cela impliquait de l'aider s'ouvrir à une compréhension élargie de « la richesse » et lâcher prise sur une identité ancienne pour embrasser un nouveau rêve plus aligné avec son cœur. Comme Steve l'a fait remarquer, ceci implique souvent d'explorer de nouveaux territoires qui étaient jusque-là hors d'atteinte.

S'engager sur un chemin aligné sur notre intention la plus profonde fait également apparaître le « critique » et les inévitables obstacles. Dans ce cas, le mari de la cliente était un « critique » potentiel qui pourrait mettre une objection sur le plan. Elle avait également son propre « critique intérieur » qui se sentait coupable et avide de vouloir plus de la vie. Ce sont des points sur lesquels nous porterons plus d'attention à l'étape 5. La clé dans le processus de storyboarding consiste à aborder chaque étape en état COACH et avec les trois connexions : à notre centre, notre intention et nos ressources.

RÉALISATION D'UN « STORYBOARD DE LA STRUCTURE PROFONDE »

Une autre forme de décomposition consiste à passer d'une représentation plutôt symbolique et métaphorique à la réalité littérale. Lorsqu'on travaille avec le changement génératif au niveau de la structure profonde (comme pour un changement identitaire), c'est difficile de définir exactement ce qui va se passer en termes précis et concrets dès le départ. Les structures profondes ont de très nombreuses expressions possibles lorsqu'elles atteignent finalement le niveau de la structure de surface. Le storyboarding du processus de changement au niveau de la structure profonde est donc souvent plus facile à réaliser au travers de symboles et métaphores, que l'on peut ensuite subdiviser en actions réelles et concrètes.

Démonstration de la réalisation d'un « storyboard de la structure profonde »

Voici la transcription d'une session de coaching que Robert a guidée lors de l'une de nos formations au cours de laquelle il travaille avec une cliente pour faire d'abord un changement de structure profonde puis l'exprimer en termes de réalité sociale.

On ralentit

Pause

Robert : *Bonjour. Ravi de vous rencontrer. Avant de commencer, je propose que nous fassions quatre mouvements et quatre suggestions ensemble. La première, c'est* ***« on ralentit »****. Donc on fait juste le geste « on ralentit ». Et tout en faisant le geste, on ralentit le dialogue intérieur, on ralentit la respiration, le cœur. Et le fait de ralentir nous permet d'apporter une conscience plus profonde au holon du corps. Quand je ralentis, j'aime vérifier que je ressens mon coccyx, que je peux ressentir mes genoux, mes chevilles, mes poignets, mon nez, mes oreilles. Donc je veux vraiment ralentir pour être conscient de tout mon être. Le second geste et la seconde suggestion, c'est* ***« pause »****. Et « pause » signifie rester silencieux et immobile un moment. Et ça me permet de me connecter vraiment. Donc je fais une pause pour être non seulement conscient mais également connecté à mon cœur, mon ventre, mes* *yeux, mes oreilles, mon nez, jusqu'à mes pieds, et à travers mes pieds à la Terre. Et je me connecte ensuite à travers le sommet de mon crâne au ciel et aux étoiles. Donc pendant cette pause je me connecte.*

La troisième suggestion et le troisième geste, c'est ***« on respire »****. Et par cette respiration j'apporte dans mon corps l'énergie de l'air et de la Terre et je m'ouvre, j'ouvre mon cœur, j'ouvre mon esprit, j'ouvre mes épaules.*

On respire

Et la quatrième suggestion et le quatrième geste, c'est ***« on se centre »****, particulièrement sur le centre du ventre.*

On se centre

Je fais ensuite une sorte de vérification : sur une échelle de 1 à 10, où en est mon état COACH maintenant ? Et je suis curieux de savoir quel est le nombre qui vous vient.

Cliente : *Neuf.*

Robert : *Parfait. Je peux sentir ce neuf. Je vois une grande différence dans votre corps depuis que nous avons commencé. Bienvenue. Je vous vois. Et maintenant que nous avons mis ces signaux en place nous pourrons les utiliser l'un ou l'autre si nous en ressentons le besoin quand nous passerons à l'action. À tout moment je pourrai dire : « Ok, faisons une pause. », ou « On respire. », ou bien « On se centre. » Et vous le pourrez également si vous éprouvez le besoin de faire une pause ou de respirer. D'accord ? C'est clair ?*

Cliente : *Oui.*

Robert : *Notre prochaine étape concerne l'intention. Je suis curieux de savoir quels sont les cinq mots que vous avez trouvés pour votre intention.*

Cliente : *Je veux réaliser ma profondeur.*

Robert : *Voilà une occasion où j'aimerais faire une pause* (Il fait le geste de la pause.). *Et respirons bien ces mots. Je vous ai entendu les dire, mais*

c'était un peu rapide. Donc faites-les descendre dans votre ventre : « Ce que je veux par-dessus tout créer dans ma vie, c'est… de réaliser ma profondeur. »

Cliente : *Mon véritable désir c'est que je veux rencontrer la véritable moi.*

Robert : *Ah, c'est intéressant. Remarquez que la tête dit l'intention de façon plus abstraite – « Réaliser ma profondeur. », et que les mots qui viennent de cet endroit plus profond sont : « Je veux rencontrer la véritable moi. » Et je tiens à vous dire que lorsque je vous vois et que je vous entends dire ça, je veux aussi rencontrer la véritable vous. Et je suis curieux de savoir quelles sont les images qui vous viennent lorsque vous dites ça et que vous laissez les mots résonner là ?*

Cliente : *Je vois un ange avec de la lumière qui irradie tout autour, étincelant.*

Robert : *C'est intéressant. Disons « bienvenue » à cet ange. J'aimerais savoir : y a-t-il un geste qui vient lorsque vous dites ces mots « je veux rencontrer la véritable moi » et que vous voyez cet ange ?*

Cliente : (Elle enroule ses bras autour d'elle.) *J'ai envie de m'étreindre.*

Robert : *Fantastique. Bienvenue donc. La question suivante concerne ce que nous pourrions placer sur votre ligne du temps pour pouvoir commencer à créer votre storyboard. Y a-t-il un certain contexte dans votre vie où ce serait particulièrement important ou peut-être où vous trouvez difficile actuellement de rencontrer votre véritable vous ? Est-ce que ce serait dans une relation personnelle, ou au travail, ou… ? Où aimeriez-vous particulièrement avoir cette connexion avec votre véritable vous ?*

Cliente : *Dans mon travail.*

Robert : *Dans votre travail. Là ce serait intéressant d'avancer sur votre ligne du temps jusqu'à un moment dans le futur où vous serez capable d'être* *pleinement connectée à votre vrai vous au travail. Quel serait le bon cadre de temps pour ça ? Quel serait le cadre de temps réaliste pour que vous deveniez pleinement vous-même au travail ?*

Cliente : *Environ un an.*

Robert : *Un an. Très bien, ça fait sens pour moi. Voilà donc notre première avancée vers le mode réaliste. Nous disons : « Un objectif, c'est un rêve sur une ligne du temps. » Si on ne met pas le rêve sur une ligne du temps, ça reste un rêve. Si je continue à dire « un jour », je suis juste un rêveur. Mais quand je dis « un an », ce rêve devient soudainement un objectif. Si on ne le place pas dans le temps, ce n'est pas un objectif. C'est donc un premier pas très important pour le réaliste. Allons donc jusqu'à ce point dans un an sur votre ligne du temps. Et nous voulons ressentir fortement cet état désiré. Laissez simplement votre corps se déplacer sur cette ligne du temps jusqu'à ce que vous ressentiez spontanément « Là c'est à peu près un an. »*

Cliente : (Elle fait quelques pas sur sa ligne du temps et s'arrête.)

Robert : *Très bien, prenez vraiment le temps de vous placer là dans votre futur, dans le contexte du travail, et voyez ce que vous voyez, entendez ce que vous entendez, ressentez ce que vous ressentez. Comment savez-vous que « Oui, j'ai vraiment établi cette connexion profonde avec mon véritable moi et je peux l'amener ici dans mon travail » ? Qu'est-ce que vous remarquez ? Quelles sont les choses pour lesquelles vous remarquez le plus de changement ou de différence ? C'est peut-être ce que vous voyez, ou ce que vous ressentez, ce que vous dites ou faites. Qu'est-ce qui est le plus important pour vous ?*

Cliente : *Mes ressentis intérieurs ont changé. Je me suis agrandie et je suis devenue plus moi-même. Là-bas* (elle montre le présent sur la ligne du temps) *j'étais comme une goutte, mais ici dans le futur je suis comme l'océan.*

Robert : *Formidable. Le poète Rumi a dit quelque chose de très beau : « Vous n'êtes pas une goutte dans l'océan. Vous êtes tout l'océan dans une goutte. » Vous êtes donc une goutte qui devient l'océan. Est-ce que ça amènerait un changement dans le geste de votre intention ? Quel serait votre modèle somatique de « je suis maintenant au travail et je suis l'océan » ?*

Cliente : (Avec ses bras elle fait un large geste circulaire qui revient vers son corps. Elle sourit largement.) *J'ai envie d'embrasser le monde entier.*

Robert : *Ah, c'est intéressant. Donc là-bas* (il pointe vers le « présent » sur la ligne du temps) *je m'embrasse moi-même et ici dans mon futur je veux embrasser le monde. Et je vois un immense sourire. On le refait encore.*

Cliente : (Elle refait le geste et sourit largement.)

Robert : (Il reproduit le geste en miroir.) *Fantastique. Formidable. À combien ressentez-vous votre engagement à cette intention ? De zéro à dix.*

Cliente : *Dix.*

Robert : *Dix. Et où dans votre corps ressentez-vous le plus cet engagement ?*

Cliente : *C'est là.* (Elle fait un geste vers son cœur.)

Robert : *Fantastique. Bien, alors nous allons maintenant revenir au présent sur votre ligne* *du temps.* (Robert et la cliente reviennent au début de la ligne du temps.) *Et on reste connecté à votre intention « rencontrer mon véritable moi au travail », avec l'image de l'ange, la goutte qui devient l'océan et ce geste d'embrasser le monde.*

Cliente : (Avec ses bras elle fait un large geste circulaire qui revient vers son corps.)

Robert : *Et maintenant que vous vous tenez ici dans le présent, à combien ressentez-vous la connexion positive à votre centre somatique ?*

Cliente : *Neuf.*

Robert : *Parfait. Nous avons donc ces deux connexions : mon intention et mon centre somatique. Nous allons maintenant aller chercher la troisième connexion. Lorsque vous pensez à ce voyage pour vraiment devenir cet océan au travail, de qui ou de quoi dans votre large champ de ressources aurez-vous le plus besoin pour vous soutenir ?*

Cliente : *C'est mon fils.*

Robert : *Votre fils. Comment s'appelle-t-il ?*

Cliente : *Alex.*

Robert : *Si vous amenez la présence d'Alex ici, vous le ressentez où ?*

Cliente : *Ici.* (Elle fait un geste vers sa gauche.)

Robert : *Et maintenant, à combien ressentez-vous la connexion à Alex, de zéro à dix ?*

Cliente : (Avec un grand sourire.) *Dix.*

Robert : *Dix, je vois ça. Bonjour Alex ! Bienvenue. Alors si vous faisiez le premier pas depuis ici vers cet état désiré dans un an, qu'est-ce que ce serait ? Et on fait attention à ne pas monter dans la tête pour trouver la réponse. On veut rester avec cette intelligence profonde.* (Avec ses bras il fait un large geste circulaire qui revient vers son corps.) *Faites juste ce pas et voyez ce qui émerge.*

Si vous faisiez ce premier pas, que feriez-vous ? Ce qui va vous venir pourrait être très pragmatique, concret et littéral. Ça pourrait aussi être plus symbolique ou métaphorique. Ça pourrait se présenter en mots ou en images. Je suis curieux de savoir ce qui vous vient comme première étape de ce voyage.

Cliente : (Avec ses bras elle fait un large geste circulaire qui revient vers son corps.) *La première chose c'est qu'il faut que je trouve le courage de regarder en moi.*

Robert : *Alors faisons une pause.* (Il fait le geste de la pause.) *Ralentissez. Inspirez vraiment ça à l'intérieur de vous.* (Il reproduit le geste de la cliente en miroir.) *Et je tiens à vous dire que ça résonne en moi, ça me semble juste : le courage de vraiment regarder à l'intérieur. Et pendant que nous respirons avec, j'aimerais savoir quelle est l'image qui vous vient ?*

Cliente : *Je vois la porte s'ouvrir.*

Robert : *La porte s'ouvrir.*

Cliente : *Ce sont de grandes portes et un hall, un couloir géant magnifique et superbement décoré. C'est vraiment très beau.*

Robert : *Et quel est votre geste pour ce courage d'ouvrir la porte ?*

Cliente : (Elle écarte les bras comme si elle ouvrait résolument des portes et fait un pas en avant.) *Comme ça.* (Avec un grand sourire.)

Robert : *Je vois que vous avez déjà passé les portes. Qu'est-ce qui se passe ensuite ?*

Cliente : *C'est étrange, mais il y a un océan là.*

Robert : *Un océan là ? C'est intéressant. Et, au fait, c'est toujours bon signe quand vous dites « c'est étrange ». Cela signifie que ça ne vient pas* *de votre esprit cognitif. Bien, cet océan apparaît. Et qu'est-ce qu'il représente pour vous ?*

Cliente : *Je suis surprise parce que je pensais que l'océan serait là-bas.* (Elle pointe vers l'état futur sur la ligne du temps.)

Robert : *Alors qu'est-ce que ça signifie que l'océan soit là ? Qu'allez-vous faire avec l'océan ? Vous y trempez un pied ? Vous y nagez ? Vous le buvez ? Autre chose ?*

Cliente : *Nager.* (Elle fait le geste de nager.) *Nager.*

Robert : *Intéressant. Nager.* (Il reproduit en miroir le geste de nager.) *Donc vous nagez, et que se passe-t-il ensuite ?*

Cliente : *J'ai besoin d'une pause.* (Elle laisse ses bras retomber sur les côtés.)

Robert : *Fantastique.* (Il laisse ses bras retomber sur les côtés.) *Alors je suis curieux : vous avez dit « pause », que se passe-t-il ici ? C'est une pause pour quoi ?*

Cliente : *Je veux profiter de ce moment. Le vivre pleinement.* (Elle sourit largement.)

Robert : *Faisons une pause et respirez ça à travers votre corps : « je veux profiter de ce moment ». Donc le courage est important, mais le plaisir aussi. Parce que le courage sans plaisir, à quoi bon ? La joie sans courage ne mène nulle part. Alors, pendant que vous profitez de ce moment, que se passe-t-il ? Qu'est-ce qui vous vient ?*

Cliente : *Je n'ai aucune pensée, je me sens juste calme, en sécurité, confiante.*

Robert : *Calme, en sécurité, confiante. Nous avons donc le courage, la joie, le calme, la sécurité et la confiance. Et y a-t-il une image qui vient avec ça ?*

Cliente : *Des nuages. Je sais que je peux m'allonger dessus et que je ne tomberai pas à travers. Ils me portent. Ils me soulèvent.*

Robert : *Quel est votre modèle somatique pour ça ? Profiter de cet endroit en se sentant calme, en sécurité et confiante ?*

Cliente : (Elle hésite un moment puis avance les bras comme si elle portait un enfant.)

Robert : *Respirons avec ça un moment. Je dis ça parce que j'ai remarqué qu'il y a eu un peu de CRASH à un moment. Alors respirons avec ça et refaisons le geste.* (Il avance les bras comme s'il portait un enfant.)

Cliente : (Elle avance les bras comme si elle portait un enfant.)

Robert : *Et je veux vraiment que vous preniez votre temps là-dessus. Souvenez-vous, votre intention est de devenir vraiment plus profonde, de vous rencontrer pleinement vous-même.*

Cliente : *Je veux ouvrir mon cœur de cette façon.* (Elle avance les bras comme si elle portait un enfant.)

Robert : *Allons-y lentement.* (Il reproduit lentement le geste en miroir.)

Cliente : (Elle fait le geste lentement.) *L'ouvrir et ne plus le refermer. Le garder ouvert.*

Robert : *Et je peux comprendre pourquoi il peut y avoir du CRASH avec ça. C'est une chose d'ouvrir la porte. C'en est une autre de vraiment ouvrir votre cœur. Si vous deviez vraiment ouvrir votre cœur, particulièrement au travail, de quelles ressources auriez-vous besoin ? Vérifiez qu'Alex est bien ici avec vous.*

Cliente : *C'est la liberté. C'est comme le vent. Il contourne les obstacles et rien ne peut* *arrêter le vent.* (Elle fait un mouvement de vagues devant elle avec ses bras.)

Robert : (Il reproduit le mouvement en miroir.) *Un vent qu'on ne peut pas arrêter.*

Cliente : *Il peut bouger librement et changer de direction.* (Elle refait le mouvement de vagues puis se met à faire le bruit du vent.) *Whou-ou-ou-ou…*

Robert : *Je suis une personne auditive, je suis toujours heureux quand un son apparaît. Les images, les ressentis, les mots, c'est bien. Mais le son, c'est vraiment super !* (Il reproduit le mouvement en miroir.) *Whou-ou-ou-ou…*

Cliente : *Et il va loin, très loin en avant.*

Robert : *Bon. Fantastique. Quand vous dites et que vous faites ça, j'ai des frissons partout. Alors maintenant nous sommes presque prêts pour l'étape suivante. Révisons le storyboard jusqu'ici. « J'ai mon intention, mon centre et Alex, et la première étape : trouver le courage d'ouvrir la porte. »* (Il écarte les bras comme s'il poussait des portes pour les ouvrir.)

Cliente : (Elle reproduit le geste.) *Et ensuite nager.* (Elle fait des mouvements de natation.) *Puis les nuages.* (Elle tend les bras comme si elle portait un enfant.) *Et puis le vent.* (Elle fait un mouvement de vagues.) *Whou-ou-ou-ou…*

Robert : *Et ensuite, que se passe-t-il ?*

Cliente : *On ne peut pas m'arrêter.*

Robert : *Je vous crois. Où allez-vous ?*

Cliente : *Je ne veux pas m'arrêter. Je veux avancer.*

Robert : *Alors souvenez-vous, on avait cet endroit dans votre monde du travail. Et si vous*

apportez votre vent au travail d'ici un an, que se passera-t-il au travail avec ce vent ?

Cliente : (Elle déplace ses mains de son ventre à sa gorge puis fait un geste comme une fontaine.) *Il y aura un sentiment de liberté, et je pourrai parler librement et ouvertement.*

Robert : (Il reproduit le mouvement en miroir.) *On fait une pause. Il y a quelque chose de très important ici. « J'aurai une voix. Je parlerai librement et ouvertement. » Et laissez cette voix sortir, spécialement par votre gorge. « Je peux parler librement et ouvertement au travail »* (Il refait le geste.) *Qu'est-ce qui se passe pour vous quand vous vous connectez avec ça ?*

Cliente : *Le vent s'est transformé. Il a changé de forme. C'est comme un tuyau, comme un cyclone. Mais il ne détruit rien. Il se déplace librement. Et il se transforme facilement.*

Robert : *Eh bien, vous avez une voix puissante quand vous parlez depuis vous-même. Que se passe-t-il ensuite ? Que voulez-vous faire ?*

Cliente : *Je me sens plus détendue dans mon corps. Avec du calme et une sorte de conviction que tout va bien se passer.*

Robert : *C'est très intéressant. On dit que le centre d'un cyclone est toujours calme.*

Cliente : *C'est vraiment calme à l'intérieur. Il n'y a pas de vent dedans. Le vent est dehors.*

Robert : *C'est intéressant. Nous avons donc un storyboard très symbolique et métaphorique, ce qui est approprié de multiples façons pour un changement au niveau identitaire. Finalement, nous explorerons la façon de* *l'exprimer en actions spécifiques dans des contextes spécifiques. Mais le plus important pour l'instant, c'est de faire rentrer ce storyboard dans les muscles.*

Quand vous construisez ce genre de storyboard en coaching génératif, c'est le genre de chose qui commence également à entrer dans vos rêves. Il devient tellement une partie de vous, vous n'avez pas à vous demander « Qu'est-ce que c'était, déjà, mon storyboard ? » C'est le chemin qui vous guide. Alors parcourons-le encore une fois, lorsque vous êtes prête.

Cliente : (Elle retourne au début de la ligne du temps.) *Je commence par me prendre dans mes bras.* (Elle replie ses bras autour d'elle.) *Je trouve ensuite le courage d'ouvrir la porte, comme ça.* (Elle fait le geste d'ouvrir la porte énergiquement et fait un pas en avant.) *Après je nage dans l'océan.* (Mouvements de natation.) *Ensuite je fais une pause et je me repose dans les nuages.* (Elle tend les bras comme si elle portait un enfant.) *Et alors je suis libre comme le vent qu'on ne peut pas arrêter.* (Elle fait un mouvement de vagues.) *Whou-ou-ou-ou… Et ça devient un cyclone.* (Elle déplace ses mains de son ventre à sa gorge puis fait un geste de fontaine.)

Robert : *Et que se passe-t-il ?*

Cliente : *Je comprends que je dois faire preuve de plus de courage au travail. Je sais faire un tas de choses intéressantes mais je n'en parle pas aux gens. Je commence à penser que certaines choses sont bonnes à dire. Par exemple, je peux aider les gens à guérir. Je travaille avec des coachs, des psychologues et des formateurs. Je les aide à élargir leur potentiel. Je travaille avec des cas difficiles. Il y a des gens qui viennent me voir qui semblent n'avoir aucune porte de sortie, et je les aide. Par exemple, j'ai aidé une jeune femme à qui on avait dit qu'elle était stérile à tomber enceinte et mettre un bébé au monde.*

Robert : *Merci sincèrement de partager tout ça. J'ai l'impression que vous avez un énorme cadeau à apporter au monde et que vous avez décidé d'« ouvrir la porte ». C'est agréable d'en savoir plus sur votre véritable vous.*

Au passage, c'est une illustration intéressante de la façon dont le découpage fonctionne. Nous avons commencé avec des images et des gestes symboliques. Maintenant le storyboard commence à devenir littéral. Vous montrez le courage de parler de ces choses, là, maintenant. Et c'est pourquoi nous disons que ce travail est « génératif ». On ne commence pas par planifier « Eh bien, je vais dire ceci. Je vais dire cela. » Mais quand je réunis les bonnes ressources, je vais spontanément dire les bonnes choses au bon moment.

J'aimerais vous dire que je vous envoie tout mon soutien, et comme Milton Erickson nous le disait : « Si vous en avez besoin, ma voix va vous suivre pour vous le rappeler. » Mais je pourrais ne pas dire de mots. Je pourrais juste dire « Whou-ou-ou-ou… »

(Applaudissements.)

Cliente : *Merci pour ça.*

Robert : *Aimeriez-vous dire quelques mots de conclusion à vos collègues de formation ?*

Cliente : *Je veux vraiment m'ouvrir aux gens et aider les autres. Et si ce que je fais résonne pour certains d'entre vous, j'aimerais vraiment me connecter à vous, parce que j'aime vraiment ce que je fais et j'adorerais le partager.*

Robert : *Merci. C'est pour ça que Stephen et moi avons créé l'IAGC. Pour avoir une communauté générative et partager nos ressources entre nous. Bienvenue dans cette communauté. Combien d'entre vous lui envoient leur soutien ?*

(Applaudissements.)

Cliente : *Merci.*

Réaliser un storyboard de la structure profonde

CHAQUE ÉTAPE DU STORYBOARD EST EXPRIMÉE PAR DES MOTS, UNE IMAGE SYMBOLIQUE ET UN MODÈLE SOMATIQUE
WHOOO
WHOOO
WHOOOO
ANTONIO MEZA
PAUSE :
PROFITER
U MOMENT
DEVENIR LE VENT QU'ON NE PEUT PAS ARRÊTER
LIBÉRER MA VOIX

Le type de storyboard que Robert a aidé sa cliente à faire dans cette démonstration correspond à ce que nous appelons un « storyboard de la structure profonde ». Il s'agit plutôt d'un voyage intérieur à réaliser avant de pouvoir le transformer en expressions comportementales concrètes. L'intention de la cliente de « réaliser sa profondeur » et « rencontrer son véritable moi » concerne plus un changement identitaire qu'un objectif comportemental spécifique. Lorsqu'on fait un changement au niveau identitaire, beaucoup de comportements spécifiques commencent à changer, comme nous l'avons vu se produire au cours de la démonstration.

UTILISER UN JOURNAL QUOTIDIEN POUR OBTENIR DU FEED-BACK

Comme les deux démonstrations l'illustrent, le processus de passage à l'action demande de l'élaboration, de la révision et de l'affinement en continu. C'est donc important d'utiliser constamment du feed-back pour optimiser le storyboard. Pour soutenir cela nous demandons parfois au client de tenir le journal d'une réflexion quotidienne sur :

- Quels comportements / pensées / actions ont soutenu votre intention ?
- Quels comportements / pensées / actions vous ont empêché de progresser vers la réalisation de votre intention ?

Le client peut alors utiliser cette information pour savoir quels ajustements apporter à son storyboard. Une façon simple d'aider un client à utiliser les retours de son journal quotidien consiste à déterminer : « Quels comportements qui ne m'aident pas vais-je abandonner ? Quels comportements vais-je renforcer ? »

IMPLIQUER LE « CRITIQUE » POUR AFFINER LE STORY-BOARD

Le processus de rechercher du feedback commence naturellement à engager l'état d'esprit « critique ». Le feedback est évidemment lié à des questions de « critique » telles que : *« Que manque-t-il à votre plan actuel ? »* et *« Qu'avez-vous besoin d'affiner, modifier ou changer sur ce plan ? »*

Commencer à explorer d'autres questions de critique comme : *« Quels comportements / pensées /actions m'ont empêché de réaliser mon intention ? »* et *« Quels comportements non aidants vais-je abandonner ? »* va naturellement nous conduire à l'étape 5 du processus de coaching génératif – Transformer les obstacles.

De même, des questions de critique comme : *« Qui pourrait être positivement ou négativement impacté par la réalisation de votre intention ? Pourquoi quelqu'un pourrait-il faire une objection à la réalisation de votre intention ? »* et *« Quels sont leurs besoins ou leurs attentes ? »* va nous amener à identifier et confronter des interférences et des obstacles significatifs, qu'il faudra prendre en compte et transformer.

Dans le prochain chapitre, nous allons explorer comment nous gérons ces problèmes et défis en coaching génératif.

Passez à l'action en projetant votre intention dans le futur et utilisez ensuite « le Rêveur, le Réaliste et le Critique » pour vous soutenir dans sa concrétisation.

The World

The world marches on
whether or not
you march with it.
The world gives
its all to you
regardless of your
readiness for it.

The world completes you,
no matter how much
you love your limitations,
and gives back to you
what you reject.

The world offers too much
to the wary,
hides too much
for the fearful,
demands too much
of the shy,
and takes too much
from the stingy.

The world is a harvest
for the bold
and a hell
for the self-righteous.

The world turns
with you even when
you turn away
from the world.

The world is a prison for those
who try to escape from it
and a paradise for those
who fall in love with it.

You choose
whether the world
is your friend
or your foe
because the world
is a burden when
you try to carry it
and a blessing when
you let it carry you.

Nick LeForce

Le Monde

Le monde avance
que vous avanciez
ou non avec lui.
Le monde vous donne
tout
que vous soyez prêt
ou non pour cela.

Le monde vous améliore,
qu'importe à quel point
vous aimez vos limitations,
et vous redonne
ce que vous rejetez.

Le monde propose trop
aux méfiants,
cache trop de choses
aux peureux,
demande trop
aux timides,
et prend trop
aux avares.

Le monde est une récolte
pour les audacieux
et un enfer
pour les bien-pensants.

Le monde tourne
avec vous, même
quand vous vous détournez
du monde.

Le monde est une prison pour ceux
qui tentent de s'en échapper
et un paradis pour ceux
qui en tombent amoureux.

Vous choisissez
si le monde
est votre ami
ou votre ennemi
parce que le monde
est un fardeau quand
vous tentez de le porter
et une bénédiction quand
vous le laissez vous porter.

7

ÉTAPE 5 – TRANSFORMER LES OBSTACLES

La cinquième étape du processus de coaching génératif concerne ce qu'il convient de faire lorsqu'on rencontre les inévitables interférences et obstacles qu'on trouve sur le chemin créatif. En coaching génératif, on dit « Plus vous voulez une vie intéressante, et plus vous voulez créer de réussite dans le monde, plus grands seront les "démons" que vous rencontrerez. »

Cela peut sembler cynique, mais nous adoptons en fait une attitude positive envers les obstacles et les résistances. Nous disons que les obstacles, les problèmes et les échecs sont des parties intégrales essentielles de toute sorte de réussite créative. Sur la base du travail de notre mentor commun Milton Erickson et avec des pratiques comme l'aïkido, nous cherchons à voir comment nous pouvons réellement accueillir les obstacles. Et nous explorons ensuite comment nous pouvons nous engager de façon créative face à un obstacle pour le transformer en ressource.

En fait, notre attitude envers les obstacles est l'une des parties les plus uniques et puissantes du processus de coaching génératif. Plutôt que d'essayer de les éviter, de les démolir et de les éliminer, nous les prenons à bras-le-corps en tant que partie fondamentale du processus créatif. Sans obstacle, sans perspectives conflictuelles, il n'y a pas de véritable créativité. Nous considérons également que la gestion des obstacles est un élément clé de l'écologie du processus de changement.

Nous avons donc vraiment intérêt à creuser profondément la question *« Quel est le cœur, quelle est la nature de ces expériences négatives, et pourquoi arrivent-elles maintenant ?* » Et l'idée de base du coaching génératif, c'est que ces expériences qui semblent fondamentalement négatives représentent les compétences ou les ressources nécessaires pour pouvoir avancer.

Ces expériences ne sont fondamentalement ni bonnes ni mauvaises. C'est une énergie ou une compétence. Et ce qui détermine la façon dont elles s'expriment, c'est l'état de nos filtres – selon que nous sommes en état **COACH** ou en état **CRASH** (verrouillage neuro-musculaire). Notre approche de gestion des obstacles est la non-violence créative, l'accent sur l'importance de les transformer et de les intégrer comme une partie nécessaire du changement génératif. Donc l'un des objectifs principaux de l'étape cinq consiste à identifier les ***états CRASH*** (problèmes ou obstacles) et à les transformer en ***états COACH*** (ressources positives).

Et nous insistons donc sur cette théorie de la construction de la réalité à deux niveaux. Au niveau fondamental, les choses sont organisées comme des paquets d'ondes quantiques, des structures profondes ou des archétypes qui peuvent s'exprimer ou se vivre d'une infinité de façons différentes. Elles représentent les besoins universels et les ressources universelles.

LES OBSTACLES EN TANT QUE COMPLÉMENTARITÉS GÉNÉRATIVES

En coaching génératif, nous voyons les obstacles principalement comme une tentative de ramener de l'équilibre et de l'intégrité dans le système. C'est notre compréhension fondamentalement positive des raisons et des moments pour lesquels les expériences négatives se présentent régulièrement sur le parcours d'un chemin créatif. Les obstacles se présentent sous une forme négative parce que la tentative de ramener l'équilibre a été distordue par un état CRASH.

Le grand psychologue suisse Carl Jung a dit : « *L'inconscient compense toujours les biais du conscient.* » Par exemple, si mon esprit conscient pense quelque chose comme : « *Je suis trop gros, il faut que je perde du poids* » et que je me mette strictement au régime, de quoi pensez-vous que je vais commencer à rêver au bout d'une semaine ? De céleri ? De salade ? Non. Plus probablement de gâteau au chocolat et de glace.

Nous aimons dire que l'unité psychologique de base est une relation d'opposés. Carl Jung a ressuscité l'ancien terme grec « énantiodromie » pour décrire cette dynamique. ***Enantio*** signifie « contenir des opposés ». ***Dromos*** signifie « suit sa course ». Donc « énantiodromie » signifie que ***tout finit par devenir son opposé***, c'est-à-dire se transforme en son opposé. L'ancien philosophe grec Héraclite a écrit : *« Les choses froides se réchauffent, les choses chaudes refroidissent, les choses mouillées sèchent, et les choses sèchent s'humectent. »* Donc expirer devient inspirer, qui devient expirer, et ainsi de suite.

Donc pour chaque partie d'un système qui dit *« je veux faire ceci »*, il y a une autre partie du système qui doit faire le contraire pour la contrebalancer ou l'équilibrer. Et nous devons être en capacité d'accueillir positivement les deux côtés : *« Il y a une partie de moi qui veut vraiment être ouvert avec vous, et il y a une partie de moi qui a vraiment besoin de rester enfermé en sécurité à l'intérieur de moi-même. »* Il faut les ressentir comme des parties du même rythme – J'ai besoin de dire *« Oui »* et j'ai besoin de dire *« Non »*. J'ai besoin de m'extérioriser, j'ai besoin de revenir en moi. J'ai besoin de travailler dur, j'ai besoin de me reposer. J'ai besoin de donner aux autres, j'ai besoin de recevoir quelque chose pour moi.

L'un de nos clients a dit : *« Mon intention pour l'année prochaine c'est de mener une existence en roue libre. Je veux juste être spontanément ouvert à tout sans faire de plan ni avoir de règle. »* En tant que coach génératif, on se demande avec humour qui est le *« jumeau maléfique »* enfermé à la cave ! Qui est le soi complémentaire ? Je vais vivre ma propre existence en roue libre, qu'en est-il de mon sens du devoir envers tous ceux qui dépendent de moi ?

Et le plus important, un sens de l'engagement envers votre famille ou un sens de l'engagement envers votre propre chemin en roue libre ? Votre famille est-elle plus importante que votre chemin en roue libre, ou pensez-vous : *« Au diable la famille, c'est chacun pour soi »* ? De toute évidence, il faut une forme d'équilibre.

ÉQUILIBRER LES COMPLÉMENTARITÉS GÉNÉRATIVES

En posant ces complémentarités en termes si évidents, nous espérons faire apparaître qu'elles sont des parties du même rythme créatif. Le symbole taoïste du Yin et du Yang en est une bonne représentation.

Habituellement, lorsque nous pensons « ouvert et fermé » ou « lumière et ombre », nous considérons que l'un des deux est « bon » et l'autre « mauvais ». La lumière est donc « bonne » et l'ombre « mauvaise ». Mais dans ce modèle, ils ne sont ni bons ni mauvais. Dans le Yi Jing, Le Livre des Changements, les caractères sont le soleil qui se transforme en lune, qui se transforme en soleil, qui se transforme en lune.

Voici une question que nous posons souvent à nos stagiaires et clients : *« Est-ce que c'est mieux d'inspirer ou d'expirer ? Lequel est mieux ? »* La réponse est généralement du style : *« Eh bien ça dépend de ce que vous venez de faire. »* Nous demandons alors : *« Bien. Est-ce que c'est mieux de se reposer ou d'être plein d'énergie ? »* À ce stade, certaines personnes commencent à répondre : *« C'est mieux d'être plein d'énergie. »* Et nous demandons *« Est-ce que c'est mieux de ressentir de la tristesse ou de la joie ? »* La plupart des gens répondent *« C'est mieux de ressentir de la joie ! »* Mais en réalité il s'agit trois fois de la même question.

À votre avis, quel est le plus important : se connecter aux autres, ou se connecter à soi-même ? Pour beaucoup de nos clients, c'est ou l'un ou l'autre. C'est soit « mon devoir envers la famille » soit « mon engagement à prendre soin de moi. » Et si on attribue des valeurs rigides disant qu'un côté est bon et l'autre mauvais, on crée un problème.

À titre d'exemple, nous avons eu une participante à un séminaire en Allemagne qui s'est largement fait remarquer. Nous entendions régulièrement un « boum » parce qu'elle s'était endormie et tombait de sa chaise. Nous admettons que ce n'est pas inédit que des participants s'endorment durant nos formations, mais là cela semblait un peu exagéré. Nous avons demandé : *« Est-ce que ça vient de nous ? »* Elle nous a répondu : *« Non, non, ça m'arrive tout le temps. »* Elle a dit qu'on lui avait diagnostiqué la « narcolepsie », elle pouvait s'endormir d'un coup à tout moment.

Nous avons accepté de faire un travail de coaching avec elle. Mais auparavant nous avons fait des paris entre nous sur ce que nous allions découvrir dans son système familial. Qu'est-ce que sa narcolepsie pouvait équilibrer ? À quoi ressemblait son système familial ? Qu'est-ce qui était pour nous l'opposé de ces symptômes de narcolepsie ? Pensions-nous qu'elle avait grandi dans une famille qui valorisait le repos et s'assurait qu'elle dormait suffisamment et prenait soin d'elle-même ?

Il s'est avéré qu'elle venait d'une famille d'immigrés. Ils étaient arrivés dans le pays sans le sou et sans avoir fait d'études, et ils avaient vraiment travaillé dur pour réussir. Sa mère était devenue médecin et son père enseignant. La devise de la famille était : « Cent dix pour cent d'efforts, cent pour cent du temps. » Imaginez-vous de grandir dans une famille dans laquelle se donner à cent pour cent ne suffit pas, il faut que ce soit cent dix pour cent d'effort en permanence. Quel symptôme pourriez-vous inconsciemment développer pour ramener de l'équilibre dans ce domaine ?

Nous serions probablement tous d'accord sur le fait que « se reposer » est un besoin universel. Et stocké dans l'inconscient se trouve un océan de très, très nombreuses façons possibles de se reposer. Donc quand on a besoin de se reposer, le schéma universel commence à s'activer. Il traverse notre système nerveux, et le second niveau concerne la façon dont on l'aborde et comment on l'accueille. Ce potentiel quantique d'infinies possibilités s'effondre en une actualité spécifique.

Nous avons donc besoin de nous reposer. Mais quand "se reposer" traverse le filtre *« le repos, c'est mal »*, il apparaît sous une forme négative. Si nous voulons transformer cela en ressource, nous disons à l'expression symptomatique *« Bienvenue. »* Nous amenons une connexion positive, un filtre positif, et nous invitons la personne à découvrir toutes sortes de façons positives de se reposer.

CONTENIR LES COMPLÉMENTARITÉS GÉNÉRATIVES DANS UN ÉTAT COACH

Puisque la structure profonde émerge à travers nos filtres, l'état de ces filtres va déterminer comment elle va s'exprimer en structure de surface. Si mes filtres sont dans un état donné, la structure profonde va s'exprimer d'une certaine façon. Si mes filtres sont dans un état différent, la même structure profonde se présente sous une forme différente.

Si ces filtres sont globalement en état CRASH, le besoin de se reposer peut devenir quelque chose comme la narcolepsie, par exemple. Si le même besoin archétypal émerge à travers un état COACH, il prendra une forme plus intégrée. Il s'agit bien fondamentalement de la même structure profonde, du même schéma archétypal essentiel, mais exprimé à travers un état différent de nos filtres.

Lorsque les deux côtés d'un jeu de complémentarités qui s'équilibrent s'expriment à travers des filtres en état CRASH, cela crée une escalade de polarisation qui déséquilibre encore plus le système. C'est comme si un client disait : *« Je veux juste continuer à expirer, mais je suis forcé d'inspirer. Et le symptôme s'aggrave ! Plus j'essaie de la bloquer, plus la compulsion à inspirer se renforce ! »*

Pour représenter cela, nous avons donc un diagramme un peu plus complexe que notre grand et notre petit cercle. Dans le petit cercle, il y a deux autres cercles plus petits.

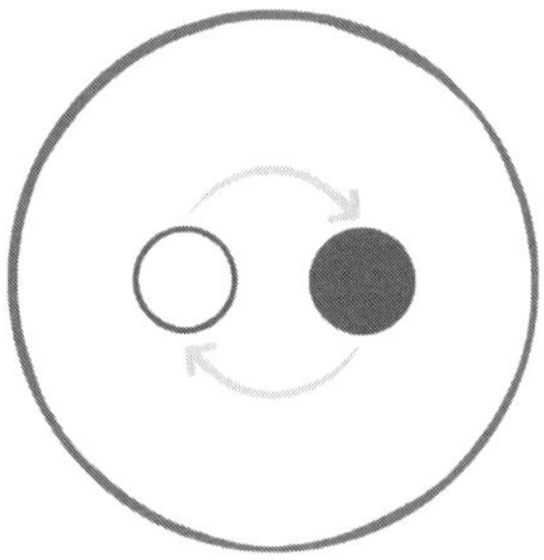

Les deux petits cercles représentent une paire de complémentarités génératives. Par exemple, l'un pourrait être « expirer » et l'autre « inspirer », ou « en avant » et « stop », ou « travailler » et « se reposer ». Si je porte cette relation dans le plus grand cercle d'un état CRASH, ce sera de plus en plus déconnecté, exagéré et bipolaire.

Par exemple, l'un d'entre nous a travaillé avec une cliente qui a demandé : « *Il faut m'aider à me détendre.* » On lui a demandé : « *Par curiosité, est-ce que vous buvez du café ?* » Elle a répondu : « *Oui. Dix-huit tasses par jour.* » La réaction à cela a été : « *Mais il faut que vous réduisiez la caféine. Je ne peux pas vous aider à vous détendre si vous buvez dix-huit tasses de café par jour.* » Elle a dit : « *Je ne peux pas diminuer. J'ai besoin de cette quantité de café.* » Et donc la question suivante : « *Que se passerait-il si vous ne buviez pas du café toute la journée ?* » Elle a réfléchi un moment avant de répondre : « *J'irais me coucher, je tirerais les couvertures jusqu'au-dessus de ma tête et je ne me lèverais plus jamais.* » Donc, sur sa carte du monde, ce sont les deux choix polarisés : soit boire dix-huit tasses de café soit aller se coucher et ne jamais se relever.

C'est l'un des principaux défis que nous devons reconnaître en coaching génératif. Plus un client force sur un côté d'une complémentarité naturelle, plus l'autre côté se débat pour rétablir l'équilibre. C'est la raison pour laquelle Milton Erickson affirmait que *« le symptôme est la solution »*.

LES OBSTACLES EN TANT QUE RESSOURCES

Si vous abordez cette tentative d'équilibrer l'énergie et le système avec une présence accueillante comme dans l'art martial qu'est l'aïkido, cela lui donne l'opportunité d'être en relation et en connexion. Vous pouvez alors explorer sa réelle intention. Si elle se détend, elle est capable de changer et de prendre des formes très différentes. Si vous essayez de la contrôler ou de lui résister, elle ressent : *« Je sens que je n'ai pas le droit d'être ici, je ne suis pas bienvenue, il faut que je me batte. »* Elle ne peut penser qu'en termes de violence et de déconnexion. Ce n'est pas inhérent ou intrinsèque à l'expérience. C'est le reflet de la relation humaine à l'expérience.

Nous apportons donc une connexion consciente, positive, curieuse et adroite dans le processus de coaching génératif. Voici une recette toute simple : si vous faites émerger un schéma ou une énergie archétypale à travers un état CRASH et que vous l'abordez en état CRASH, vous en obtiendrez une expression négative. Vous allez avoir un soi-disant problème ou un obstacle. Lorsque vous pouvez accueillir le même schéma ou la même énergie archétypale dans un état génératif, vous obtiendrez une ressource créative.

L'un de nous a coaché une femme dont la famille travaillait constamment, et dont tous les membres étaient des super-battants qui réussissaient. Avec quel obstacle croyez-vous qu'elle est venue ? Fatigue chronique. La famille était horrifiée. Elle ne pouvait pas sortir de son lit. Alors, une partie du processus de coaching a consisté à dire : *« Prenons le temps de ralentir. Nous aimerions dire "bienvenue" à cette partie de vous qui expérimente la fatigue chronique. Je suis sûr qu'elle apporte quelque chose d'important dans le système. Nous voulons l'accueillir dans la conversation. »* On lui a alors demandé, si cette partie pouvait parler, quelle était son intention positive ? Quel était son besoin ? *« Je veux juste abandonner. »* Maintenant, est-ce que c'est bon ou mauvais ? Ou est-ce plus profond ? D'une façon ou d'une autre, cela vous rattrapera. Vous allez abandonner.

Puis, après un temps d'arrêt, elle a ajouté : *« Mais j'aime tellement mon travail. »* Elle développait des systèmes de santé publique pour les communautés défavorisées d'une grande ville. Ses programmes étaient incroyablement génératifs. Elle a sauvé la vie de centaines d'enfants. Ces programmes étaient spécialisés dans l'aide aux familles défavorisées et aux enfants.

Donc, dans sa carte du monde, c'est soit elle travaille comme une damnée soit elle quitte son travail pour aller se détendre sur les plages de Californie. Que pensez-vous que nous devrions lui conseiller ? Les plages californiennes ou « retourne au travail, arrête de fainéanter » ? Qu'en pensez-vous ?

En fait, il y a un million de kilomètres de territoire inexploré entre les deux polarités. Alors comment pouvez-vous vous ouvrir à l'expérience de l'abandon ? À quoi ça ressemble d'abandonner ? La fatigue chronique, la dépression ou la consommation d'alcool seraient une voie, mais il y a des possibilités infinies d'expérimenter l'abandon. Donc lorsque nous disons *« bienvenue »*, ce schéma se détend. Et je peux maintenir revenir dans l'océan des infinies possibilités et dire : *« Je pourrais abandonner en restant au lit, je peux aller à la plage ou au travail, ou je pourrais abandonner moment après moment avec chaque respiration et revenir à moi-même. Et découvrir à chaque moment ce qu'abandonner signifie là, maintenant. »* Cela me permet d'être heureuse et de servir ce que j'essaie de faire.

Lorsque vous pouvez soutenir cette relation entre des complémentarités génératives depuis un champ COACH, cela se met à ressembler au symbole yin-yang.

ACCUEILLIR LES OBSTACLES

Selon les principes du changement génératif, nous n'avons pas à nous débarrasser de parties importantes de notre existence. Nous croyons que quoiqu'il nous arrive, si nous nous donnons un peu de temps et un peu de connexion, nous pouvons faire un usage créatif de ce que la vie nous apporte pour devenir plus heureux et mieux réussir en tant qu'êtres humains.

Pensez-vous que si cela faisait partie de vos croyances de base, cela changerait la façon dont vous opérez dans le monde ? Bien sûr que oui. Et c'est l'une des choses au sujet desquelles le coaching génératif peut aider les gens à développer une confiance humble.

Pour soutenir cela, il y a le « mantra » relationnel en quatre parties que nous utilisons, que vous nous avez vu utiliser de nombreuses fois lors des démonstrations. Il est dérivé de notre travail et nos études avec notre mentor commun Milton Erickson.

1- Dès l'instant que nous rencontrons un obstacle, ou un obstacle potentiel, nous commençons par dire : ***« C'est intéressant. »*** Et nous sommes sincèrement curieux et intéressés. *« Est-ce que ce n'est pas incroyable ? À chaque fois que vous cherchez à agir sur cette intention cet obstacle apparaît ? Est-ce que ce n'est pas incroyable ? »* Ce sens de la curiosité profonde était l'une des ressources les plus puissantes du Dr Erickson.

2- ***« Je suis sûr que cela fait sens. »*** Ne me demandez pas ce que c'est, je serai le dernier à comprendre. Mais je sais que cela a du sens. C'est relié à l'idée que tout a un objectif positif. Comme nous l'avons souligné dans ce chapitre, les obstacles sont au minimum une tentative de créer un type d'équilibre ou d'intégrité. Même lorsqu'ils émergent sous une forme CRASH très distordue, il y a toujours une forme d'objectif ou d'intention positive derrière.

3- ***« Quelque chose essaie de s'éveiller. Quelque chose a besoin d'être soutenu, entendu, et peut-être guéri. »*** C'est le sujet même de cette effervescence. C'est la cause des perturbations dans le champ. Une énergie de l'âme essaie de vous apporter une nouvelle part d'expérience pour vous aider à grandir et évoluer. Un élément clé de votre holon plus large a besoin d'être reconnu, compris et ressourcé, il a besoin qu'on lui donne sa place.

4- ***« Bienvenue. »*** On ne souhaite pas la bienvenue au hasard. On reconnaît que ces présences font partie de notre holon plus large. Ce qui apparaît comme des obstacles n'est pas intrinsèquement négatif ; ils deviendront négatifs si vous les regardez négativement. Ils deviennent négatifs par la malédiction humaine. C'est la relation avec eux. Comme Nick LeForce l'a mis en évidence dans le poème du début de ce chapitre, si vous les considérez comme des ennemis, devinez quoi ? Ils le seront. Si vous les considérez comme des ressources, devinez quoi ? Ils le deviendront.

Avant chaque session de coaching génératif nous essayons de nous souvenir que nous fonctionnons en fait comme des sages-femmes pour nos clients. Ces mantras nous aident à nous souvenir que cette personne vient parce que quelque chose en elle cherche à se réveiller ou à naître, quelle que soit son histoire de couverture. Quelque chose de son âme essaie de venir au monde. Alors nous voulons être en capacité de ressentir cela derrière l'histoire, parce qu'habituellement elle ne le nomme pas directement ou correctement. Nous voulons ressentir ce qui cherche à s'éveiller et dire *« Bienvenue. »* Et de là être capable d'être cette présence humaine qui accompagne la personne de façon à ce qu'elle puisse apporter tout son être dans le monde et dire : *« Mon âme m'appartient. Je suis un allié, un ami de tout ceci. »*

RÉCONCILIER LES OPPOSÉS EN CONFLIT

Les étapes suivantes résument notre matrice de base du processus de transformation des obstacles en ressources.

1. Développer un **état COACH** (centré, ouvert, alerte et connecté aux ressources).
2. Identifier **l'obstacle** avec la déclaration : « Je veux X, mais Y m'en empêche. »
3. S'harmoniser à « X » (**l'intention**). Sentir son centre, développer une connexion positive (en utilisant les mantras relationnels). S'auto-calibrer jusqu'au niveau optimal (au moins 7 sur 10).
4. S'harmoniser à « Y » (**l'obstacle**). Sentir son centre, développer une connexion positive (en utilisant les mantras relationnels). S'auto-calibrer jusqu'au niveau optimal (au moins 7 sur 10).
5. Partager l'attention entre X et Y pour **créer une connexion résonnante** entre les deux. Ressentir comment X et Y sont deux aspects complémentaires de la même ressource.
6. Utiliser l'auto-calibration pour **assurer l'équilibre** entre X et Y, puis suggérer l'approfondissement du lien résonnant pour promouvoir une intégration générative.
7. Tandis que l'intégration se fait, **orienter vers l'intention future** et noter toute nouvelle réponse positive.

L'utilisation de l'auto-calibration est très importante dans ce processus pour s'assurer qu'il y a une connexion positive suffisante aux deux parties – au minimum sept sur dix. S'il y a une présence et une connexion importante d'un côté (disons 9) et une connexion faible de l'autre (disons 3), cela créera naturellement un déséquilibre. Nous voulons donc nous assurer d'avoir un niveau de connexion à peu près égal aux deux parties. C'est ce que nous entendons par « optimiser les niveaux d'intensité X et Y ».

Démonstration de la transformation de parties conflictuelles avec le centrage somatique

Voici la transcription d'une session de coaching de Steve lors de l'une de nos formations. Il guide une cliente en suivant cette matrice de base de réconciliation et intégration de ce qui semble être des opposés en conflit.

Stephen : *Je veux vous donner le modèle somatique pour ce processus. Ça fait « bip »* (il touche son cœur avec sa main droite), *« bip »* (il touche son ventre avec sa main gauche), *« hop, hop, hop »* (il fait des allers-retours avec ses mains entre son cœur et son ventre).

On a donc deux parties en conflit. On ressent où la première vit le plus profondément dans le corps. « Bip » (il touche son cœur avec sa main droite). *On l'accueille, on lui crée un espace et on commence à l'amener en état COACH. On a ensuite l'autre partie de la relation conflictuelle. Où habite-t-elle dans le corps ? « Bip »* (il touche son ventre avec sa main gauche). *On accueille ça, on lui ouvre un espace et on l'amène également en état COACH. On prend donc les deux parties et on définit leurs centres somatiques dans le corps. On crée une connexion positive avec l'une et une connexion positive avec l'autre en utilisant les mantras*

relationnels. Et ensuite on ressent ce qui se passe lorsqu'il y a un flux d'énergie fluide entre les deux. « Hop, hop, hop » (il fait des allers-retours avec ses mains entre son cœur et son ventre). *Et c'est seulement lorsqu'on sent ce flux équilibré entre les opposés qu'on commence à se réorienter vers ce qu'on cherche à créer.*

Voyons comment ça pourrait se passer dans notre session de coaching ici. Nous disons qu'une des formules les plus solides pour créer quelque chose de complètement nouveau consiste à prendre des opposés et les porter simultanément dans le même champ COACH. Une bonne façon pour commencer, c'est de ressentir un domaine dans votre vie où vous pensez : « En fait, j'aimerais vraiment avancer et vivre ceci ou créer cela, mais je me heurte à une forme d'obstacle ou de résistance. »

On peut trouver ça facilement dans une conversation de coaching en termes de déclaration en deux parties. La première partie, c'est : « Ce que je veux créer, c'est ceci. » Et la seconde partie, c'est : « Mais ce qui arrive à la place c'est cela, ou c'est ça qui m'arrête. » (À la cliente) *Je me demande si vous avez une paire sur laquelle vous pensez que ce serait intéressant de travailler ici.*

Cliente : *Oui. Je désire commencer un nouveau projet et y consacrer toute mon énergie, mais je me laisse distraire et je perds ma concentration. Et du coup je ne sais même plus vers quoi me tourner ni par quoi commencer.*

Stephen : *Que diriez-vous que vous voulez le plus passionnément ?*

Cliente : *Créer des évènements.*

Stephen : *Comme quoi par exemple ?*

Cliente : *En tant que formatrice ou organisatrice.*

Stephen : *Super. Et le numéro un sur la liste des rêves, ce serait… ?*

Cliente : *Quelque chose avec beaucoup de gens, et ils en tirent un bénéfice. Et ils me remercient, ils remercient les intervenants, ils sont heureux. Je viens juste d'en faire un. C'était tout petit, mais c'était très réussi.*

Stephen : *C'est formidable. Si vous vous connectez à ça, où le ressentez-vous le plus profondément dans votre corps ?*

Cliente : *Ici.* (Elle touche son cœur.)

Stephen : *C'est formidable. J'aimerais juste dire à cette présence, cette passion dans votre cœur : « Bienvenue. Bienvenue. » C'est magnifique, hein ? Vous ressentez cette passion profonde pour créer ces évènements. Et nous suivons ce processus pour dire bonjour avec les mains, avec le souffle, avec l'esprit.*

Dites « Bonjour. » Magnifique. Cet endroit dans votre cœur est rempli d'un intérêt passionné. C'est magnifique. Bienvenue. Merci de nous rejoindre dans cette conversation. Qu'est-ce qui se passe quand vous m'entendez dire ça ?

Cliente : *C'est agréable. Je ressens votre soutien.*

Stephen : *Sur une échelle de un à dix, à combien ressentez-vous cette connexion à votre cœur ?*

Cliente : *Neuf.*
Stephen : *D'où vient ce chiffre ?*
Cliente : *Je ne sais pas.*
Stephen : *Pensez-vous qu'il vient d'ici ?* (Il pointe sa tête.) *Ou d'ici ?* (Il pointe son cœur.)
Cliente : *De là.* (Elle touche son cœur.)
Stephen : *Formidable. Il y a donc cette passion positive à l'intérieur de vous qui veut créer ces évènements positifs. Est-ce qu'on peut prendre un moment pour respirer avec ça ? Sentez à quel point ça vit profondément en vous. Vous pourriez le voir. Vous pourriez le ressentir. Tous les jours vous pourriez apprendre à le comprendre et le soutenir. Bienvenue. Donc vous voyez, nous considérons ce mental de l'ego* (il touche son front) *comme une sorte de gestionnaire ou de représentant. Et la passion créative vient d'un endroit différent* (il touche son cœur).
Cliente : *Je la sens ici.* (Elle touche son cœur.)
Stephen : *Bien. C'est bon à savoir. Et donc, dans ce processus, quand vous prenez cette passion pour la transférer dans la réalité, qu'est-ce qui commence à se passer ? Qu'est-ce qui la freine ou qui la bloque ?*
Cliente : *C'est comme un manque de concentration quand je commence à penser à la façon de le faire.*
Stephen : *Je ne peux pas m'empêcher de remarquer cette tension dans vos épaules. Je suis curieux de savoir où cette partie est plus tendue, où elle vit dans votre corps ?*

Quand vous avez ce si grand rêve, que vous voulez vraiment créer ces évènements, et puis que quelque chose se passe et vous fait perdre votre concentration.

Cliente : *Ça vit ici.* (Elle touche son diaphragme.)

Stephen : *Intéressant, n'est-ce pas ? Quand vous arrivez à ce seuil, quelqu'un ici* (il pointe vers son diaphragme) *dit : « Attends une minute ! Attends-moi. Moi aussi je viens. » Je suis sûr que cela a du sens. Alors que vous avancez pour vivre votre rêve, il y a une sorte de peur ou de pression qui n'attend que ça pour avancer aussi. Je vais vous demander de laisser venir un nombre qui représente l'âge de cette partie qui a peur.*

Cliente : *J'ai le chiffre cinq.*

Stephen : *Juste pour que vous le sachiez, lorsque je pose ces questions, je demande toujours aussi à mon propre esprit créatif d'y répondre depuis mon point de vue. Ce qui m'est venu, c'est quatre. C'est bien, n'est-ce pas ? Alors que vous vous apprêtez à faire une vraie différence dans le monde, il y a une partie de vous plus jeune qui dit : « Hé, attends-moi. Attends-moi. Je veux venir. » Je vous invite donc à fermer les yeux un moment et ressentir le noyau le plus profond de cette peur plus jeune dans cet endroit profond en vous. J'espère que c'est okay de dire à cet endroit « Bienvenue. Bienvenue. » Et je suis sûr que ce que vous apportez est vraiment important pour que le rêve devienne réalité. C'est pourquoi je dis : « Bienvenue. Bienvenue. Bienvenue. Bienvenue. »*

Cliente : *Bienvenue.*

Stephen : *Et que se passe-t-il quand vous ressentez cet accueil positif ?*

Cliente : *Je sens que je me détends.*

Stephen : *J'ai une espèce de question intéressante. Ça donnerait quoi de faire un partenariat entre ces deux parties de vous qui semblent déjà profondément connectées ? Que pensez-vous de cette idée ?*

Cliente : *Je n'y avais pas pensé. C'est intéressant.*

Stephen : *Eh bien on pourrait peut-être faire le début d'un processus que je vous encourage à pratiquer et explorer. Je pense que nous sommes d'accord sur le fait que pour transformer un rêve en réalité, c'est plutôt important de vous connecter à toutes les différentes parties de vous. Donc lorsque vous avancez dans la création de ces évènements formidables, vous ressentez le soutien de cette partie de vous qui dit « Oui, allons-y ! »* (il pointe son cœur), *et la partie de vous qui dit « Oh là là !... Oh non »* (il pointe vers son diaphragme). *Et vous sentez qu'elles font toutes les deux partie de la même famille créative. Alors permettez-moi de vous inviter, si ça vous convient, à dire : « Je veux vraiment créer ces grands évènements, et pour le faire je ressens ma connexion ici »* (geste vers le cœur), *et mettez cette énergie en jeu. « Et puis je ressens ma connexion ici »* (geste vers le diaphragme) *et mettez cette énergie en jeu. Et ressentez ce qui se passe lorsque vous déplacez votre attention de la connexion à*

l'un à la connexion à l'autre en affirmant : « Je veux créer ce grand évènement. »

Cliente : *Je veux créer des évènements, en ressentant la connexion ici* (elle touche son cœur), *et en sentant cette force, en ressentant cette connexion ici* (elle touche son diaphragme).

Stephen : *Et ressentez ça au travers de tout votre corps. Que se passe-t-il lorsque ces parties vous traversent complètement ?* (À l'audience.) *Je ne sais pas si vous avez vu, elle a commencé ce mouvement comme une petite fille. Et ensuite j'ai vu cette puissante jeune fille, prête à émerger.* (À la cliente.) *On recommence ?*

Donc : « Comme je vais créer ces évènements avec passion (il pointe vers le cœur) *… Bienvenue, bienvenue, bienvenue. » Et alors l'énergie du yin, douce, puissante, vulnérable* (il pointe vers le diaphragme) *… relâchez les épaules, amenez-la à travers tout votre corps. Et laissez-la créer la connexion entre elles deux.* (Il fait des allers-retours entre son cœur et son diaphragme.) *Et sentez cette puissance. Qu'est-ce que ça donne ?*

Cliente : *Très bien. Agréable. Je sens mon corps plus léger.*

Stephen : *Cette dernière partie touche quelque chose que vous pourriez pratiquer par vous-même. Il s'agit de poser l'intention « je veux vraiment créer ces grands évènements » puis juste remarquer comment ça active une partie. À chaque fois que vous dites « j'ai la passion de faire quelque chose de grand », vous pouvez aller à cet endroit, là où votre esprit se connecte à cette source profonde. Et à*

chaque fois que vous ressentez la pression, la peur, vous pouvez dire : « Ah, mon pouvoir vulnérable vient d'apparaître. C'est intéressant, maintenant je ressens l'ensemble de moi-même. » Il chante : « Pourquoi ne pas prendre tout moi en entier ? » Vous n'êtes pas obligée de chanter cette chanson. (Rires) *Mais un petit peu de ceci et un petit peu de cela. Quel âge avez-vous ?*

Cliente : *Vingt-six ans.*

Stephen : *C'est formidable. Ce que je ressens chez vous me rappelle ce que Robert et moi faisions à vingt-six ans. C'est vraiment plaisant de voir la nouvelle génération arriver dans ce domaine. Nous sommes les anciens. Je vous envoie beaucoup, beaucoup de soutien pour associer à la fois votre passion et votre vulnérabilité.*

Cliente : *Merci beaucoup.*

Stephen : *Ça vous va si on arrête ici ?*

Cliente : *Oui.*

Stephen : *Souhaitez-vous partager quelque chose avec le groupe ?*

Cliente : *J'ai une observation intéressante sur le fait qu'on n'a pas besoin de transformer cette peur et cette sensation de confusion, mais qu'on peut juste l'accepter et se mettre au milieu de ces parties et trouver leur interaction.*

Stephen : *Fantastique. Vous avez formulé ça plus succinctement que nous n'aurions pu le faire. Il nous faut trois jours pour exprimer ce que vous venez de dire en une phrase.*

Transformer des parties en conflit par le centrage somatique

PRATIQUEZ
LA RECONNEXION
AUX DEUX CENTRES
ET PROJETEZ VOTRE
INTENTION DANS LE FUTUR

UTILISER LES MODÈLES SOMATIQUES POUR TRAVAILLER AVEC LES OBSTACLES

Lorsque nous travaillons avec des obstacles comme partie de cette paire de complémentarités génératives, nous trouvons que l'utilisation des modèles somatiques peut être très aidante pour clarifier et modifier la nature conflictuelle de la relation. Par exemple, l'un de nous a eu un client qui a exprimé l'intention : *« Je veux finir d'écrire ce livre ! J'ai dépassé la date butoir ! Il faut que je finisse de l'écrire ! »* La réponse : *« Très bien, c'est super ! Allez le faire ! »* À quoi il a rétorqué : *« Mais je finis toujours par procrastiner. J'ai besoin de votre aide pour arrêter ça. »* Donc dit comme cela, vous voyez que la procrastination semble vraiment négative. Et la demande est souvent « d'assassiner l'obstacle ». *« Je vais vous payer très cher ! Je veux juste que vous tuiez le symptôme. Sans poser de question. Rien de personnel, juste les affaires. »*

Toutefois, pour nous en tant que coachs génératifs, la question principale c'est le fait de considérer l'obstacle perçu comme « négatif ». Nous cherchons à aider le client à considérer : *« Comment se fait-il qu'à chaque fois que je veux finir le livre je me mette à procrastiner ? Quelle est la relation entre ces deux côtés ? »* Et l'idée de base en changement génératif, c'est que la procrastination, ou le symptôme, ou le problème, représente l'autre face du schéma de solution complet.

Donc dans cet exemple de « finir le livre – procrastination », comment ouvre-t-on un espace conversationnel dans lequel ces deux côtés peuvent être amenés à une relation plus générative et productive ? Représenter les deux côtés par des modèles somatiques est une façon puissante d'y parvenir. Dans ce cas, on a demandé au client de prendre l'intention « je veux finir le livre » et de « le montrer sous forme d'un modèle somatique ». En réponse, le client a résolument serré les dents, froncé les sourcils et fermé les poings.

Combien de temps pensez-vous qu'il puisse tenir dans cet état ? Croyez-vous qu'il pourra réaliser son intention dans cet état ? Que pensez-vous qui va se passer moins de dix minutes plus tard ? Que pensez-vous qui va arriver ensuite ? Quand on lui a demandé « montrez le modèle somatique de ce que vous appelez procrastination » sa réponse a été de laisser tomber la tête, les épaules et les bras comme s'il tombait.

Maintenant que remarquez-vous sur les deux modèles somatiques ? Quel est le **COACH**, quel est le **CRASH** ? Ce sont en fait deux formes de CRASH. C'est le vrai problème.

Donc pour utiliser la modélisation somatique, on traduit l'expression verbale de la situation en représentations somatiques simples. Dans cet exemple, nous disons « *Montrez-moi votre représentation somatique de la partie de vous qui est vraiment engagée à terminer ce livre.* » (Mâchoires serrées, sourcils froncés et les deux poings serrés.) « *Super. Bienvenue. Bienvenue.* » « *Maintenant, montrez-moi la partie qui procrastine.* » (Tête, bras et épaules tombantes, comme s'il tombait.) « *Oh, je vois. C'est stupéfiant ! Bienvenue ! Incroyable, n'est-ce pas ?* »

Maintenant, on veut les traduire dans leur version COACH. On dit : « *Alors mettons-nous en état COACH. Très bien. Et entrez dans ce modèle somatique de votre intention uniquement d'une façon qui vous permette de rester centré et connecté.* » Maintenant je recherche les traces de CRASH. Je pourrais dire : « *Détendez vos yeux. Ressentez ça comme un mouvement de taï-chi. Vous voulez vraiment finir le livre.* » (Mâchoires détendues, sourcils plus relâchés et les poings moins serrés qui avancent et reculent.) « *Très bien.* »

« *Et maintenant, uniquement d'une façon qui vous permette de rester en état COACH, invitez cette partie que vous appeliez précédemment procrastination.* » (Il ouvre les bras, ramène les mains sur les côtés et respire profondément.) « *C'est formidable. C'est formidable. Alors vous appelleriez ça un problème ? Quelle est la différence ?* »

« *Et maintenant, trouvez l'état dans lequel vous pouvez ressentir les deux en même temps comme un schéma complet. À chaque fois que je commence à écrire, je ressens ce besoin de me détendre. Engagement.* (Il focalise son regard et ramène ses mains devant son corps.) *Détente.* (Il ouvre les bras, ramène les mains sur les côtés et respire profondément.) *C'est très bien. « Et maintenant vous voyez qu'ils ne sont pas exclusifs l'un de l'autre, ils sont complémentaires. Exactement comme l'inspir et l'expir. »*

Et, au passage, cet homme a publié trois livres dans les deux années suivant cette session. On voit donc bien que cet obstacle était en fait ce que sa conscience créative apportait pour compléter son état de performance.

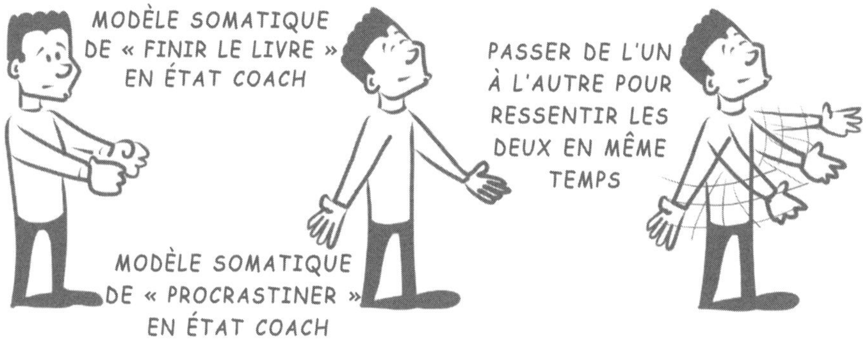

LA MODÉLISATION SOMATIQUE DES PARTIES CONFLICTUELLES

Voici les étapes de base de notre schéma d'application de la modélisation somatique pour transformer des parties conflictuelles en complémentarités génératives.

1. Établissez un **état COACH (génératif).**
2. **Identifiez le conflit** avec l'affirmation : « Je veux faire X, mais Y interfère. »
3. Créez **un modèle somatique** (geste physique et mouvement) de l'intention (X).
4. Créez **un modèle somatique** (geste physique et mouvement) représentant l'obstacle (Y).
5. **Accueillez chaque partie** et amenez de la conscience là où des signes de CRASH apparaissent dans le corps.

6. Trouvez l'expression COACH du **modèle somatique de l'intention** (X). Identifiez son intention positive.
7. Trouvez l'expression COACH du **modèle somatique de l'obstacle** (Y). Identifiez son intention positive.
8. En restant en état COACH et en gardant à l'esprit les intentions positives des deux parties, **pratiquez des allers-retours** entre le modèle somatique de l'obstacle et le modèle somatique de l'intention, lentement, en conscience et rythmiquement. Quelles sont les nouvelles possibilités qui émergent ?
9. Tandis que l'intégration s'opère, **orientez vers l'intention future** et notez les nouvelles réponses positives.

Démonstration de la transformation d'un obstacle avec le centrage somatique

Voici la transcription d'une session de coaching que Robert a faite lors de l'une de nos formations au cours de laquelle il guide une cliente au travers de ce processus. La transcription commence après que Robert a établi l'état COACH avec la cliente.

Robert : *Bien, je suis curieux de savoir ce que vous voulez vraiment créer dans votre vie ?*

Cliente : *Je veux réaliser un projet et j'ai même une équipe, c'est une équipe internationale, et j'ai déjà aussi un investisseur. Et ils se sont tous réunis pour manifester ma vision.*

Robert : *Waouh. C'est fantastique !*

Cliente : *J'ai rassemblé tout ça autour de moi, mais je ne m'en sens pas digne, je ne le mérite pas.*

Robert : *C'est intéressant. Arrêtons-nous un moment. Je vous ai entendu dire que vous avez la vision pour un projet et qu'en fait vous avez déjà tout un groupe de personnes* *qui viennent vous soutenir dans cette vision. Et en même temps vous ressentez « je n'en suis pas digne. »*

Cliente : *Oui, c'est ça.*

Robert : *Alors nous allons faire de la place pour accueillir tout ça. J'aimerais d'abord apporter un peu plus d'attention à votre intention. Parce que, c'est intéressant, pour le moment je connais la situation mais en fait je ne connais pas votre intention. Que voulez-vous passionnément créer par-dessus tout ?*

Cliente : *Ce que je veux vraiment, c'est me sentir forte et digne de créer.*

Robert : *Faisons une pause et connectons-nous vraiment à cette intention : « Je veux me sentir forte et digne de créer ». Respirez ça à travers votre corps pour pouvoir sentir la résonance. « Je suis forte et je suis digne de créer. C'est vraiment ce que je veux ressentir. »*

Cliente : (Elle prend une inspiration profonde et place ses mains juste en dessous de son diaphragme.)

Robert : *Je suis curieux. J'ai vu que vous avez déjà placé vos mains ici* (geste vers le diaphragme) *plusieurs fois. Est-ce que c'est là que vous le ressentez le plus ?*

Cliente : *Je ressens une forme de soutien pour mon intention ici dans mon centre.* (Elle prend une inspiration profonde et place ses mains juste sous son diaphragme.)

Robert : *Okay, super. Je ressens du soutien pour mon intention ici.* (Il reproduit le geste en miroir.) *Alors maintenant nous voulons convertir ces mots en modèle somatique. Si vous deviez montrer avec votre corps ce que c'est que d'être forte et digne de créer, comment*

feriez-vous ? Si vous ne pouviez pas me le dire mais que vous deviez me montrer ce que vous voulez avec un geste et un mouvement, comment le montreriez-vous ?

Cliente : (Elle étend les bras à partir de son diaphragme, les lève au-dessus de sa tête puis agite ses poings fermés devant elle en geste de victoire.)

Robert : (Il reproduit le geste en miroir.) *Bon. Et je veux juste dire : « Bienvenue. Je vois votre force. Je vois que vous méritez de créer. Bienvenue. C'est bon d'être forte. » Je suis curieux de savoir, lorsque vous faites ce geste à combien ressentez-vous la présence de cette intention entre zéro et dix ?*

Cliente : *Dix.*

Robert : *Dix ! J'aime ça. Refaisons-le encore. Ce que je veux vraiment c'est...* (Tous les deux étendent les bras à partir du diaphragme, les lèvent au-dessus de leur tête puis agitent leurs poings fermés devant eux en signe de victoire.) *Bienvenue. Et, bien sûr, on sait qu'il y a un « mais » ici. Je veux faire ça, mais...*

Cliente : *Je ne le mérite pas.* (Elle baisse la tête, laisse tomber les épaules et se replie avec les mains sur son abdomen.)

Robert : *Oh, c'est arrivé rapidement.*

Cliente : *Oui. J'ai une bonne connexion avec ça.*

Robert : *C'est formidable ! Sérieusement, c'est formidable !*

Cliente : *C'est dix aussi.*

Robert : *Donc « Je veux vraiment me sentir forte et digne de créer* (il étend les bras à partir du diaphragme, les lève au-dessus de sa tête puis agite ses poings fermés devant lui en signe de victoire), *mais voilà ce qui se produit à la place* (il baisse la tête, laisse tomber les épaules et se replie avec les mains sur son abdomen). » *« Bienvenue. » Je suis absolument certain que ça fait parfaitement sens. Je suis sûr que ce n'est pas un hasard. Je suis sûr que c'est là pour une très bonne raison. En fait, pendant que vous faites ça, j'ai une question intéressante à poser, quel âge pourrait avoir ce ressenti de « je n'en suis pas digne, je ne le mérite pas » ? Si vous laissez juste venir un chiffre.*

Cliente : (Elle baisse la tête, laisse tomber les épaules et se replie avec les mains sur son abdomen) *Deux ou trois ans.*

Robert : *Je veux juste accueillir cette présence de deux ou trois ans. Je suis sûr que c'est un concentré d'énergie de vie. Je veux vraiment l'accueillir. Je suis juste curieux, on peut voir qu'il y a beaucoup de CRASH dans ce modèle somatique d'elle. Mais vous avez dit que vous avez une bonne connexion là. Et en restant connectés sous le CRASH, amenons de la conscience sur cette partie de vous. Refaites le même mouvement, en pleine conscience de ce qui se passe.*

Cliente : (Elle baisse la tête, laisse tomber les épaules et se replie avec les mains sur son abdomen.)

Robert : *Que dit cette présence de deux ou trois ans ? Quelque chose a besoin d'être entendu ou guéri. De quoi a-t-elle besoin ? Quelle est son intention ?*

Cliente : *De ressentir de l'amour et de l'attention.*

Robert : *C'est intéressant. J'ai remarqué quelque chose d'intéressant, c'est que ce geste a spontanément changé un peu. Au lieu de ça* (il baisse la tête, laisse tomber les épaules et se replie avec les mains sur

son abdomen), *c'est devenu comme ça* (il baisse la tête et laisse tomber les épaules lentement et amène doucement les mains sur son abdomen). *Et je pense que ce serait intéressant de partir de ça* (il baisse la tête et laisse tomber les épaules lentement et amène doucement les mains sur son abdomen) *pour aller à ça* (il étend les bras à partir du diaphragme, les lève au-dessus de sa tête puis agite ses poings fermés devant lui en signe de victoire). *Et plutôt que de s'arrêter, revenir à ça* (il baisse la tête et laisse tomber les épaules lentement et amène doucement les mains sur son abdomen), *puis ça* (il étend les bras à partir du diaphragme, les lève au-dessus de sa tête puis agite ses poings fermés devant lui en signe de victoire). *Et explorer tout l'espace entre ça* (il baisse la tête et laisse tomber les épaules lentement et amène doucement les mains sur son abdomen) *et ça* (il étend les bras à partir du diaphragme, les lève au-dessus de sa tête puis agite ses poings fermés devant lui en signe de victoire).

Cliente : (Elle évolue lentement d'un geste à l'autre).

Robert : *Je suis vraiment curieux de savoir si vous pouvez vraiment ressentir votre présence dans son entièreté. On accueille d'abord ce que voulez faire : « force, mériter de créer »* (il étend les bras à partir du diaphragme, les lève au-dessus de sa tête puis agite ses poings fermés devant lui en signe de victoire). *Bienvenue. Et maintenant ressentir l'autre connexion à cette intention « ressentir de l'amour et de l'attention »* (il baisse la tête et laisse tomber les épaules lentement et amène doucement les mains sur son abdomen). *Bienvenue.*

Cliente : (Elle continue d'évoluer lentement d'un geste à l'autre.)

Robert : *C'est intéressant. C'est bien. Vouloir se sentir forte et digne. Vouloir ressentir de l'amour et de l'attention. Magnifique. C'est bien.*

Cliente : (Elle commence à faire un mouvement rythmique, comme une danse, en étendant ses bras vers l'extérieur puis en les ramenant à son corps avant de les étendre à nouveau.)

Robert : (Il reproduit le mouvement en miroir.) *Ah, c'est intéressant. Quelque chose de nouveau. Je suis curieux de savoir ce qui se passe quand vous faites ça ?*

Cliente : (Avec un grand sourire.) Je ne sais pas.

Robert : *« Je ne sais pas. » J'adore la façon dont votre sourire apparaît quand vous faites ça. Qu'est-ce que vous remarquez qui se passe ? Ce n'est pas nécessaire que vous la compreniez, mais y a-t-il une nouvelle sensation ?*

Cliente : *Je sens qu'avant j'étais séparée en deux parties. Une petite faible et une forte. Mais la plus faible a toujours gagné.*

Robert : *C'est intéressant. Ce sont ces parties faibles et vulnérables qui semblent toujours gagner. Je sais que Stephen serait d'accord avec moi là-dessus, ces parties qui ont l'air vulnérables sont en fait celles dont provient notre plus grande créativité – particulièrement lorsqu'on se sent aimé et qu'on*

reçoit de l'attention. Cette partie de trois ans est celle qui a la créativité et je peux apporter ses idées créatives à ma force et à mon sens du mérite. C'est bon à savoir.

Cliente : (Elle sourit largement.) *Oui.*

Robert : *Juste par curiosité, que se passe-t-il si vous pensez « je ne le mérite pas » là, maintenant ?*

Cliente : *C'est bizarre. Ça n'a plus l'air de coller.*

Robert : *C'est une chose intéressante à remarquer. Ces pensées qui me torturaient me font maintenant l'effet « De quoi ? » parce qu'elles n'ont aucun endroit pour résonner. Intéressant à remarquer. Prenons maintenant le temps de parcourir la ligne du temps à travers votre storyboard. « Où est-ce que je peux maintenant emmener mon intention, mon équipe, mon projet ? »*

Cliente : (Elle parcourt sa ligne du temps en étendant ses bras vers l'extérieur puis en les ramenant à son corps avant de les étendre à nouveau. Après quelques pas, elle tourne sur elle-même et fait un geste triomphant.)

Robert : *C'est bien. Oh, c'est bon. On dirait que là il s'est passé quelque chose de « Waouh ! » Qu'est-ce qui se passe là ?*

Cliente : *J'ai ressenti ici pour la première fois dans mon corps comme si le projet était déjà réalisé.*

Robert : *C'est intéressant. C'est bon à savoir. « Pour la première fois je peux sentir dans mon corps que le projet est réalisé. » Respirons ça profondément. « Oui, je peux.*

Je peux le faire. » Je veux juste vous dire que je vous envoie tout mon soutien. Vous pouvez le faire !

Cliente : *Merci !*

Robert : *Avant de partir, y a-t-il quelque chose que vous aimeriez partager ? Quelque chose qui était particulièrement important dans ce que nous avons fait, ou ce qui s'est passé, que vous pensez être une observation utile ? Avec quoi repartez-vous ?*

Cliente : *Je n'oublierai jamais le moment où ça ne résonnait plus avec « je ne le mérite pas ». C'était un moment très clair, une distinction très nette. Et je vais emporter dans mon corps la sensation que « Je peux le faire ! » Merci !*

(Applaudissements)

Travailler avec des modèles somatiques pour transformer et intégrer les obstacles et les conflits rend le principe d'énantiodromie de Jung très clair et réel. Un geste s'enchaîne à l'autre, revenant au premier, et ainsi de suite. Le yang est complété par le yin, complété par le yang, complété par le yin. Et puis vous remarquerez qu'un petit peu yin va dans le yang et qu'un petit peu de yang commence à aller dans le yin. C'est ce que nous appelons une intégration générative. Cela devient une attention continue, ininterrompue, analogique et non digitale, un mouvement rythmique continu.

Et à la place de l'une OU l'autre réponse, vous avez maintenant tout un spectre de possibilités nouvelles entre les deux. Il y a de nombreuses combinaisons et variations possibles des deux compléments qui peuvent être appropriés ou nécessaires pour toute la gamme des situations que l'on peut rencontrer.

La grande question suivante, c'est *: « Comment rendre ces apprentissages et ces changements durables ? »* Nous aimons souligner qu'à la fin de la session de coaching rien n'a encore changé. On a ouvert la possibilité du changement. Mais pour que le potentiel se manifeste pleinement, il faut *« le rentrer dans les muscles »*. C'est notre prochaine étape du coaching génératif : les pratiques pour approfondir le changement.

La modélisation somatique des parties conflictuelles

TROUVEZ UN MODÈLE SOMATIQUE POUR LA PARTIE QUI A BESOIN « D'AMOUR ET D'ATTENTION

RECONNAISSEZ « CE QUE JE VEUX » ET « CE QUI SE MET EN TRAVERS DU CHEMIN », ET OÙ VOUS LE RESSENTEZ DANS LE CORPS

TROUVEZ UN MODÈLE SOMATIQUE POUR LA PARTIE QUI EXPRIME « CE QUE JE VEUX » À UN BON NIVEAU DE CONNEXION

EXPLOREZ DES ALLERS-RETOURS D'UN MODÈLE SOMATIQUE À L'AUTRE JUSQU'À CE QUE CELA DEVIENNE COMME « UNE DANSE » OU « UN MOUVEMENT DE TAI-CHI », EN NOTANT CE QUI VIENT DE CETTE INTÉGRATION
ANTONIO MEZA

Pause Now

Pause now
long enough
to turn
your attention
to the quiet underneath
the noise of the world;
to listen again
to the whispered secrets of your soul,
to return
to what lives at your core
and to embrace, once again,
the unspoken
and unbroken vows of the heart.

Pause now
long enough
to drop the effort
to patch up
the torn and tattered edges of your own life,
to let
what is incomplete in you be
not your prison walls but your gateway
to all
that is yet to come.

Pause now
long enough
to let your breath
be waves of the infinite
flowing in and out
until you arrive,
at last,
at the place
where all questions end
and you yourself become endless . . .
Nick LeForce

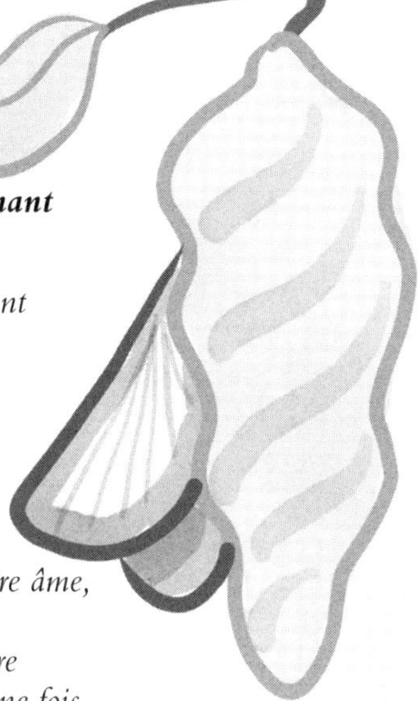

Faites une pause maintenant

Faites une pause maintenant
assez longue
pour tourner
votre attention
vers le calme sous
le tumulte du monde ;
pour écouter à nouveau
les secrets murmurés de votre âme,
pour revenir
à ce qui vit dans votre centre
et pour embrasser, encore une fois,
les vœux
tacites et intacts du cœur.

Faites une pause maintenant
assez longtemps
pour abandonner l'effort
de raccommoder
les contours déchirés en lambeaux
de votre propre vie,
pour permettre
que ce qui est incomplet en vous ne soit
pas les murs de votre prison
mais le portail
vers tout
ce qui est encore à venir.

Faites une pause maintenant
assez longtemps
pour laisser votre souffle
être le flux et le reflux de l'infini
jusqu'à ce que vous arriviez,
enfin,
là
où toutes les questions finissent
et où vous-même devenez infini…

8

ÉTAPE 6 – PRATIQUES POUR APPROFONDIR ET SOUTENIR LE CHANGEMENT

L'étape six du processus de coaching génératif consiste à établir des pratiques fondamentales pour soutenir mais aussi approfondir les changements initiés lors des cinq étapes précédentes. Le coaching efficace est finalement ancré dans les pratiques. Tous les bons coachs sportifs le savent, pour que leur équipe gagne il faut que les joueurs passent au moins trois fois plus de temps à s'entraîner qu'ils n'en passent à jouer. C'est par la pratique qu'on fait entrer une nouvelle compétence « dans les muscles ». Nous aimons souligner que *« vous ne valez pas plus que votre niveau de pratique »*. On pourrait même aller jusqu'à dire : *« Vous êtes ce que vous pratiquez. »*

Comme nous l'avons mentionné précédemment, ce qu'un client a réussi à réaliser lors d'une session de coaching n'a encore rien changé. Cela a ouvert un espace de possibilités. Et cela a donné au client un sentiment de ce qui est possible et de comment être capable de le concrétiser. Mais pour que ce potentiel devienne une partie concrète et durable de la vie quotidienne du client, il doit pratiquer. En fait, cette pratique est si importante que lorsque nous travaillons avec des clients nous leur demandons de s'engager à pratiquer au moins 30 minutes tous les jours.

Les questions clés à prendre en compte pour créer une pratique efficace sont : « Comment le client prend-il ce qu'il a appris et développé lors des cinq premières étapes pour l'intégrer durablement et le faire avancer dans sa vie ? Quelles seront les pratiques qui permettront que les changements initiés par le client deviennent la nouvelle base de fonctionnement pour ses activités régulières ? Qu'est-ce que le client va faire et refaire pour s'assurer d'être prêt à exprimer effectivement son intention quelle que soit la situation qui se présente ? »

Des tâches spécifiques reliées à l'intention sur laquelle le client s'est focalisé durant la session sont une forme de pratique. Nous préférons que celles-ci soient générées collaborativement. Nous demanderons : *« Qu'avez-vous besoin de faire à partir de maintenant pour continuer à avancer ? Quel genre d'engagement êtes-vous prêt à prendre ? »* Ce type de tâches prendra souvent la forme de suivi ou de répétition d'un des processus mis en œuvre avec le client durant la session. C'est par ce type de travail que les gens apprennent à devenir leur propre coach. Ils se remémorent les étapes du processus et se guident eux-mêmes à les parcourir. On peut par exemple les inviter à prendre un moment tous les matins pour accéder à leurs trois connexions positives et parcourir leur ligne du temps à travers leur storyboard pour planifier leur journée. C'est ce que nous appelons une pratique de *« préparation »*.

Les pratiques peuvent répondre à différents objectifs pour soutenir une intention. Les pratiques de ***préparation*** aident le client à être prêt à exprimer son intention dans des situations nouvelles. Les pratiques de ***réflexion*** aident le client à approfondir son changement en augmentant son niveau de conscience et de compréhension des facteurs significatifs qui soutiennent l'atteinte de son intention. Les pratiques de ***soutien*** renforcent les changements qui accompagnent l'intention et aident à l'installer comme nouvelle base de fonctionnement.

PRATIQUES DE PRÉPARATION

Les pratiques de préparation efficaces nous permettent de nous assurer d'être dans le meilleur état possible pour exprimer notre intention quelle que soit la situation qui se présente. Commencer chaque activité significative de la journée en état COACH est un exemple de pratique de préparation. Lorsque nous faisons des réunions d'équipe, par exemple, nous prenons toujours un moment pour nous assurer que nous sommes tous en état COACH et connectés les uns aux autres, et nous posons notre intention pour la réunion.

La répétition mentale, la motivation et l'ancrage sont des types communs de pratiques de préparation.

Répétition mentale

Voici un schéma de base pour utiliser la répétition mentale comme pratique de préparation :

1. Entrez en **état COACH** et connectez-vous à votre intention (verbalement, visuellement et somatiquement).
2. **Identifiez la situation** (à partir de votre storyboard) dans laquelle vous voulez exprimer votre intention.
3. **Faites-vous une image mentale de ce que vous voudriez faire**, comme si vous étiez un observateur qui le regarde en vidéo. (Si cela vous semble difficile d'imaginer ce que vous feriez, vous pouvez penser à un modèle de rôle et visualiser ce qu'il ferait.)
4. **Entrez dans votre image mentale** et dans la situation, et imaginez que vous êtes en train de faire et éprouver ce que vous aviez visualisé. Voyez, entendez et ressentez le scénario comme si vous étiez vraiment en train de le vivre.
5. **Créez un modèle somatique** pour l'expression réussie de votre intention dans cette situation.

Augmenter la motivation

Inclure la motivation dans une pratique de préparation peut se révéler important. Voici un schéma expérimental de base pour augmenter la motivation envers une intention particulière.

1. **Mettez-vous en état COACH** et connectez-vous à votre intention (verbalement, visuellement et somatiquement).

2. **Identifiez la situation** (d'après votre storyboard) dans laquelle vous voulez exprimer votre intention.
3. En vous plaçant dans cette situation sur votre ligne du temps, **imaginez que vous avez déjà réalisé votre intention** et que vous savourez pleinement la situation. Prenez contact avec ce que vous voyez, ce que vous entendez, ce que vous faites et ce que vous ressentez en profitant de ces bénéfices. Créez un **modèle somatique** pour ce ressenti de la réussite.
4. **Augmentez ou ajustez les qualités sensorielles de l'expérience** pour la ressentir de façon plus motivante ou irrésistible. L'expérience devient-elle plus irrésistible ou attrayante si vous ajoutez de la couleur ? De la brillance ? Du son ? Des mots ? Du mouvement ? Identifiez les qualités qui produisent le meilleur ressenti de l'expérience. Appliquez ces qualités, éprouvez les bons ressentis que vous retirez d'avoir réalisé votre intention.
5. **Remémorez-vous ces ressentis** en vous visualisant en train de faire les choses dont vous savez qu'elles vous rapprochent de votre intention. (Vous pouvez créer un auto-ancrage pour aider au transfert de ces ressentis.)

Auto-ancrage

Une autre pratique importante consiste à construire et renforcer les ressources internes nécessaires pour atteindre vos intentions, ce que le processus d'auto-ancrage peut étayer. Il implique de créer une connexion associative entre l'expérience ressource et un déclencheur que l'on peut apporter dans la situation dans laquelle on veut exprimer son intention. Voici le schéma expérimental de base pour créer un auto-ancrage à une ressource :

1. **Remémorez-vous un moment** où vous avez fortement éprouvé cet état de ressource. Voyez ce que vous voyez, entendez ce que vous entendez et ressentez ce que vous ressentez de façon aussi nette que possible.
2. **Trouvez ce que vous pouvez utiliser comme ancre** pour fixer et déclencher votre état de ressource (objet, image mentale, mot clé, geste, etc.).
3. Replongez-vous dans l'expérience ressource. Voyez ce que vous voyez, entendez ce que vous entendez et ressentez ce que vous ressentez de façon aussi nette que possible. **Connectez le souvenir de cette expérience à votre ancre** en déplaçant momentanément votre attention sur le signal ou déclencheur puis en la ramenant sur l'expérience ressource.
4. Faites le vide dans votre esprit et **modifiez votre état pendant un moment**. Faites quelque chose pour vous distraire.
5. **Portez votre attention sur votre ancre**. Vous devriez immédiatement éprouver le ressenti de ressource. Si ce n'est pas le cas, reprenez les étapes 3 et 4 plusieurs fois.

PRATIQUES DE RÉFLEXION

Les pratiques de réflexion ont pour objectif d'aider les clients à approfondir leur changement en augmentant leur conscience et leur compréhension des facteurs significatifs qui soutiennent l'atteinte de leur intention. La forme la plus simple de ce type de pratique consiste à analyser les activités significatives en se demandant : *« Qu'est-ce j'ai appris de cela ? »* Si tout s'est bien passé, qu'est-ce que j'en ai appris ? Si ça ne s'est pas bien passé, qu'est-ce que j'en ai appris ?

Scott Miller[1], qui est considéré comme une pointure de la recherche sur les résultats de thérapie, a constaté que ce qu'un coach peut faire de plus important pour obtenir les améliorations les plus conséquentes, c'est de demander au client de remplir un simple formulaire de synthèse à la fin de chaque session. Et même si le coach ne le lit pas, le simple fait d'amener le client à se questionner : *« Ce qui m'a aidé, c'est..., Ce qui a vraiment fonctionné, c'est..., etc. »* crée une amélioration significative. Et le fait que le coach ou le thérapeute le lise réellement est une stimulation supplémentaire.

Demander au client de tenir un journal et de l'apporter à la session suivante constitue une forme de pratique de réflexion. Un site appelé « coach.me[2] » propose une méthodologie simple qui permet aux personnes de tracer certains de leurs comportements et en mesurer la fréquence. On peut enregistrer l'application sur son smartphone et cliquer sur un bouton à chaque fois qu'on s'engage dans un comportement donné, comme par exemple fumer une cigarette ou faire du sport. Ce type de feedback permet au client d'amener plus de conscience sur ce qu'il fait et sur ce qui fonctionne.

Autre exemple de tâches qui peuvent être utilisées comme support de réflexion : Milton Erickson demandait à ses clients de faire des activités métaphoriques, comme par exemple escalader Squaw Peak (une montagne proche de son cabinet à Phoenix, en Arizona) ou aller au jardin botanique de la ville. Il leur demandait de revenir lui raconter

1. NdT : *L'Essence du changement*, 2012, De Boeck, Barry Duncan, Mark Hubble, Scott Miller, Bruce Wampold.
2. NdT : https://www.coach.me.

ce qu'ils avaient observé ou ressenti. Il en retirait des informations sur l'état du client et son niveau de progression, comme avec un test de Rorschach.

Le générateur de choix

Le générateur de choix est une pratique qui a pour objectif de produire une quantité croissante d'apprentissages et de choix à partir de chaque expérience ou situation de vie. Le processus consiste à revenir sur les évènements du jour et identifier les moments de choix liés à la réalisation d'une intention particulière. Pour chaque point de choix, on doit réfléchir sur les décisions qu'on a prises et voir si elles ont ou non permis d'avancer sur la réalisation de l'intention. On imagine ensuite trois autres façons dont on aurait pu réagir (aussi bien si ce que l'on a fait était une réussite ou un échec). On projette ensuite mentalement les résultats et les conséquences de chaque alternative, et on explore ce que cela donnerait d'avoir fait ce choix en entrant dans l'expérience pour la vivre pleinement, somatiquement, en imagination.

L'objectif de cet exercice n'est pas de trouver « la meilleure façon » ou « la bonne façon » de réagir à une situation donnée. Il s'agit plutôt de prendre l'habitude de créer toujours plus de possibilités. Pratiquer régulièrement cet exercice permet de retirer trois fois plus d'expérience qu'en se contentant de mémoriser ou enregistrer ce qui s'est réellement produit. Il peut accélérer significativement la capacité d'une personne à apprendre de son expérience.

Voici les grandes lignes des étapes de base du générateur de choix :

1. **Mettez-vous en état COACH** et connectez-vous à votre intention.
2. **Identifiez une expérience importante de la journée** reliée à votre intention et identifiez plusieurs points de choix significatifs.
3. **Réfléchissez aux choix que vous avez faits** à ces moments et voyez s'ils vous ont ou non permis d'atteindre votre intention.
4. Restez en état COACH et ouvrez-vous à une ressource de votre champ susceptible de vous soutenir dans cette situation. Restez connecté à cette ressource, revenez dans la situation et **laissez émerger spontanément une réponse alternative**. Explorez ce que ce serait d'avoir fait ce choix en le vivant pleinement, somatiquement, en imagination.
5. **Répétez ce processus** pour créer au moins trois choix alternatifs pour chacun de ces points de choix.

La combinaison de pratiques de préparation et de réflexion peut également s'avérer utile. Par exemple, lorsque nous animons des ateliers ensemble nous nous retrouvons tous les matins au petit-déjeuner pour préparer la journée, et nous nous retrouvons tous les soirs après le dîner pour réfléchir sur ce qui s'est passé et anticiper la journée suivante.

PRATIQUES DE SOUTIEN

Les pratiques de soutien ont pour objectif de renforcer et soutenir la réalisation d'une intention spécifique dans la durée. Pour que les pratiques soient efficaces, leurs bénéfices doivent dépasser tous les désagréments qu'elles pourraient créer. Il s'agit donc de ce qu'on pourrait appeler « des pratiques à fort effet de levier ». Il s'agit d'y consacrer chaque jour une courte période de temps pour en retirer des bénéfices cumulés démultipliés. Pensez par exemple au brossage des dents : si vous vous brossez les dents quelques minutes tous les jours, vous les garderez vingt ans de plus.

Combien d'entre vous se brossent les dents au moins une fois par jour ? Pourquoi le faites-vous ? Pour garder un certain niveau d'hygiène buccale. De la même façon, notre santé émotionnelle et psychologique demande de la pratique quotidienne. Et là encore, vous ne valez pas plus que votre niveau de pratique.

Bien entendu, de nombreuses personnes répondront quelque chose du style : « C'est certainement une très bonne idée, mais vous ne voyez pas que je suis quelqu'un de très occupé, quelqu'un d'important ? Quand j'aurai le temps, je m'y mettrai. Promis. » Et vingt ans plus tard ils tiennent toujours le même discours, en se demandant pourquoi rien n'a changé.

On nous demande souvent : « Vous êtes tous les deux tellement occupés, comment trouvez-vous le temps d'écrire tous ces livres ? » La vérité, c'est que vous ne *trouverez* jamais du temps. Vous devez le *générer*. On ne vous *donne* jamais du temps pour les pratiques, il faut le *prendre*. Lorsque nous écrivons un livre, comme par exemple celui-ci, nous nous engageons à écrire au moins une demi-heure à une heure tous les matins où que nous soyons dans le monde. Et même si cela signifie que nous allons devoir nous lever une demi-heure plus tôt, c'est ce que nous allons faire. Une pratique est la résultante d'un engagement à faire advenir quelque chose.

Si vous regardez nos agendas d'animation, vous verrez que nous sommes des castors affairés. Mais chacun d'entre nous consacre au moins une heure et demie par jour à ses pratiques. Robert court 60 à 90 minutes par jour (par tous les temps) et Steve médite et marche. Nous intégrons souvent à ces moments des pratiques de préparation et de réflexion en lien avec nos intentions pour la journée. Nous constatons que sans ces pratiques nous devenons irritables, nous procrastinons et commençons à prendre de mauvaises habitudes. Nous vous garantissons que « en vous tenant à certaines pratiques, vous aurez plus de temps dans la journée. » Vous commencerez à réaliser que le temps est en grande partie une expérience psychologique. Et vous apprécierez plus votre travail, que vous ferez mieux.

Le fondateur de Virgin Group, Richard Branson, dit : *« Si je cours une demi-heure le matin, j'en fais deux fois plus dans la journée. »* C'est un bon exemple de ce que nous appelons une « pratique à fort effet de levier ». Cet investissement d'une demi-heure double votre productivité du reste de la journée. À l'inverse, si vous dites « Oh là, je ne peux pas me permettre de prendre ce temps », vous en ferez moitié moins le reste de la journée. Où est la plus grande perte de temps ?

Les pratiques de soutien les plus importantes sont celles qu'on fait pour prendre soin de soi. C'est-à-dire : ni pour son travail, ni pour sa famille ou ceux qu'on aime. Juste pour soi. Si on ne fait rien pour soi, l'inconscient trouve d'autres façons de le faire. En fait, cela se manifeste souvent sous forme d'une habitude négative, comme une addiction ou d'autres symptômes du type de ceux des exemples du chapitre précédent : procrastination, fatigue chronique, narcolepsie…

On pourrait voir les mauvaises habitudes et les addictions comme une forme de « pratique » mise en place par l'inconscient de la personne pour tenter d'apporter de l'équilibre ou de l'intégrité dans sa vie, de façon distordue. À titre d'exemple, l'un de nous a coaché une personne qui voulait arrêter de fumer. Il avait fumé pendant quarante ans. C'est quelqu'un qui faisait preuve d'une incroyable volonté dans pratiquement tous les autres domaines de sa vie, le type de personne capable de rester debout face à la tempête. Mais il ne parvenait pas à arrêter de fumer. Lorsque nous avons vraiment accueilli le comportement, il s'est avéré que fumer était en fait la seule chose que cet homme faisait uniquement pour lui. D'autres fumeurs nous ont dit que l'intention positive du comportement était de leur rappeler de respirer. C'est intéressant, paradoxal mais intéressant.

Une grande partie du travail de transformation du tabagisme pour ce client a consisté à se donner la permission de faire régulièrement des choses plus saines « rien que pour lui ».

Prendre soin de soi revêt une importance fondamentale. Si vous avez déjà voyagé en avion, vous avez probablement entendu le message : « En cas d'urgence, des masques à oxygène vont tomber devant vous. Veuillez tirer le masque vers votre visage et de le placer de façon à couvrir votre bouche et votre nez. Si vous voyagez avec un jeune enfant, veuillez placer d'abord votre masque puis occupez-vous de l'enfant. » Au premier abord, ce conseil semble aller à l'encontre du bon sens : un enfant dans une situation d'urgence sera vulnérable, effrayé et désorienté, il aura besoin d'attention. Mais s'occuper d'abord de l'enfant pourrait se révéler désastreux. Pourquoi ? Parce que si l'adulte se retrouve désorienté ou perd conscience, l'enfant se retrouve livré à lui-même. Il faut que l'adulte soit alerte, respire, réfléchisse et ait accès à ses ressources pour pouvoir s'occuper correctement de l'enfant pendant la durée de la situation d'urgence. Si nous perdons nos capacités, nous ne pouvons être d'aucune utilité pour quelqu'un d'autre.

« Météo » – Un exemple de pratique de soutien

Lorsqu'ils sont au même endroit, Robert et sa femme Deborah partagent une pratique quotidienne basée sur ce principe, qu'ils appellent « météo ». L'objectif de cette pratique est de prendre soin de leur relation tout en prenant soin d'eux-mêmes et de l'autre. Il ne s'agit pas d'une séance de coaching ou de résolution de problème mais d'une pratique de partage, d'écoute et de reconnaissance.

Ils prennent à tour de rôle la responsabilité de la pratique en jours pairs et impairs, donc l'un des deux doit demander à l'autre quel est le moment qui lui conviendrait. Ils prennent généralement un moment juste avant le dîner. Le responsable du jour (A) guide le processus :

1. (A) guide en même temps (A) et (B) pour entrer en état COACH en utilisant un type de mouvement pour faire la transition vers un état présent incarné et relâcher les tensions du jour.
2. Lorsque (A) et (B) sont assis ou debout face à face, (A) guide en même temps (A) et (B) à amener leur attention au présent et en eux-mêmes

pour ressentir l'état de leur météo intérieure en écoutant ce qui veut émerger pour être partagé dans cet espace qu'ils créent ensemble, c'est-à-dire le « champ », ou le contenant de leur relation.

3. (A) demande à (B) ce qu'il ou elle aimerait partager de ce qui lui est arrivé durant la journée. Ce n'est pas « Raconte-moi le contenu de ta journée. » C'est plutôt « Comment te sens-tu là-dedans ? » Les évènements peuvent faire partie du partage, mais ce n'est pas le point de focalisation. L'accent est mis sur « Comment te sens-tu là-dedans ? »
4. (B) partage (généralement quelques minutes). Cela peut porter sur des expériences de gratitude, d'inquiétude, de joie, d'anticipation, de soulagement, etc.
5. (A) renvoie en miroir ce qu'il ou elle a entendu le plus exactement possible (sans interpréter ni commenter), et ce n'est pas un test de mémoire : (B) peut aider (A) en cas d'oubli.
6. (A) partage alors ce qui l'a touché(e) dans ce qu'il ou elle a entendu. Ce n'est pas une conversation : (B) reçoit et dit merci.

Ils échangent ensuite les rôles et répètent le processus avec (B) qui demande à (A) ce qu'il ou elle aimerait partager de sa journée.

Le processus prend environ une demi-heure. S'ils sont pris par le temps, ils peuvent le faire beaucoup plus rapidement en raccourcissant le début et en ne partageant qu'une ou deux choses.

L'idée est de partager l'état des ressentis, le climat intérieur et non le contenu de ce qu'ils ont fait ce jour-là, à moins que quelques éléments soient nécessaires pour partager la météo intérieure. Ils veillent également à ne pas utiliser ce moment pour exprimer des griefs : il y a un autre processus pour cela ! Celui-ci est un espace sécure pour s'accorder et faire le point en soi et avec l'autre, et se donner mutuellement toute leur attention.

Nous maintenons que les pratiques de ce type sont extrêmement importantes pour mener une vie saine et équilibrée. Elles doivent être plaisantes tout en apaisant l'esprit, en approfondissant l'harmonie entre l'esprit et le corps, et en ouvrant à l'inconscient créatif.

Démonstration d'aide à un client pour établir une pratique

Voici la transcription d'une façon de travailler avec un client pour créer une pratique collaborativement. Dans ce cas, la cliente, dont les responsabilités professionnelles impliquent de soutenir de nombreuses autres personnes, a l'intention de « prendre plus de temps pour moi ». La ressource qu'elle a identifiée pour cette intention est son grand-père (décédé depuis des années), qui savait « équilibrer le sérieux par l'humour ».

Coach : *Que pourriez-vous faire sur une base régulière qui serait un très bon exemple de vous mettant plus de cet équilibre en pratique, de prendre plus de temps pour vous ?*

Cliente : *Ce que j'aimerais faire, c'est marcher le matin sans mes chiens.*

Coach : *Sans vos chiens.*

Cliente : *Parce que je le fais, mais avec les chiens ce n'est pas pareil.*

Coach : *Je comprends parfaitement, et vous le faites pour les chiens plutôt que pour vous.*

Cliente : *Oui, et je dois m'arrêter toutes les trois secondes avec mon chien mâle.* (Rires.)

Coach : *Je sais de quoi vous parlez. Alors, est-ce que ça ne serait pas merveilleux « Je vais prendre cet engagement de prendre le temps de marcher le*

matin juste pour moi » ? Et il y a un endroit où vous aimez marcher ?

Cliente : *Je vis dans une banlieue, donc c'est vert, et nous avons une petite rivière, c'est vraiment très agréable.*

Coach : *Alors imaginons, si vous vous projetez là-bas, en train de marcher seule. Voyez ce que vous voyez, entendez ce que vous entendez, ressentez ce que vous ressentez.*

Cliente : *J'ai un bon sentiment d'accomplissement. Je voulais faire quelque chose et je l'ai fait.*

Coach : *À quelle fréquence auriez-vous besoin de le faire pour créer cet équilibre dans lequel vous savez que vous prenez le temps dont vous avez besoin pour vous-même ?*

Cliente : *Je pense qu'il faudrait que je le fasse tous les jours pendant quelque temps pour prendre l'habitude.*

Coach : *Donc, au moins pendant quelque temps, vous le faites tous les jours.*

Cliente : *Oui.*

Coach : *Et pendant combien de temps auriez-vous besoin de le faire tous les jours pour être sûre que ça devienne une habitude ? Est-ce que ce serait deux semaines, deux mois ?*

Cliente : *Au moins trois semaines.*

Coach : *Au moins trois semaines. C'est bon à savoir.*

Cliente : *Parce que si je le fais moins je vais oublier.*

Coach : *C'est logique. Donc, êtes-vous prête à prendre l'engagement de marcher seule une demi-heure tous les matins pendant les trois semaines qui viennent ?*

Cliente : *J'aimerais bien, mais j'ai peur de me mettre à marchander. Je vais céder, je pense.*

Coach : *Céder à qui ?*

Cliente : *À la partie de moi qui pense : « Je ne mérite pas ça. »*

Coach : *Arrêtons-nous un moment. Accueillons vraiment cette partie. Respirez. Et cette partie de vous pense avoir quel âge ? Si vous laissez venir un chiffre, ce serait combien ?*

Cliente : *Douze ans.*

Coach : *Je suis curieux. Si nous présentions cette partie de douze ans tout de suite à votre grand-père, qu'est-ce qu'il lui dirait ?*

Cliente : (Elle marque un temps d'arrêt puis respire profondément.) *Il lui dirait : « Ça va passer, ne t'inquiète pas. Tu vaux mieux que ça. »*

Coach : *« Ça va passer, ne t'inquiète pas. Tu vaux mieux que ça. » Est-ce que cette partie de douze ans l'a entendu ?*

Cliente : *Oui.*

Coach : *Est-ce qu'elle discuterait ce qu'il dit ? Est-ce qu'elle marchanderait avec lui ?*

Cliente : *Non.*

Coach : *C'est bon à savoir. Alors je suis vraiment curieux maintenant, parce qu'il me semble que ce serait formidable si, lors de ces promenades matinales, vous pouviez faciliter une conversation entre cette partie de vous âgée de douze ans et votre grand-père. Qu'en pensez-vous ?*

Cliente : *D'accord.* (Elle sourit largement.) *Je pourrais. Oui.*

Coach : *Et pour emmener vraiment cette partie de vous-même et votre grand-père avec*

vous, comment allez-vous faire pour vous en souvenir ? De quelle façon pouvez-vous vous assurer que pendant ces trois semaines « je vais faire ces marches, et ils sont avec moi » ? Par exemple, avez-vous des photos de votre grand-père ?

Cliente : *Oui, j'en ai. Je pourrais mettre cette photo à côté de mon lit pour que ce soit la première chose que je voie en me réveillant.*

Coach : *Formidable. Pour aller marcher tous les matins, ce serait à quelle heure ?*

Cliente : *Il faudrait que je me lève à sept heures.*

Coach : *Prenons un moment pour imaginer que trois semaines ont passé et que vous avez réussi à faire cette marche tous les matins, en emmenant votre grand-père et cette partie de vous âgée de douze ans. Voyez ce que vous voyez, entendez ce que vous entendez, ressentez ce que vous ressentez. Comment vous sentez-vous maintenant que vous l'avez fait pendant trois semaines ?*

Cliente : (Elle sourit largement.) *Super !*

Coach : *Magnifique. En regardant maintenant depuis le futur, qu'est-ce qui vous a permis de réussir ?*

Cliente : *Eh bien, je l'ai fait avec légèreté. Je n'ai pas trop réfléchi. Je suis juste sortie et je l'ai fait, et j'y ai pris plaisir.*

Coach : *Vous y avez pris plaisir, oui. En regardant en arrière sur ces trois semaines, comment avez-vous fait pour rester légère, pour y prendre plaisir ?*

Cliente : *Penser que je le mérite, penser à des choses positives. Respirer.*

Coach : *Penser que vous le méritez, et respirer.*

Cliente : *Penser à moi, parce que j'oublie ça.*

Coach : *C'est bien. Pensez à vous. Alors depuis cet endroit dans le futur, que diriez-vous à ce vous qui se lève tous les jours à sept heures ?*

Cliente : *Allons-y !*

Coach : *« Allons-y ! » Alors revenez ici à ce moment présent, maintenant. Imaginez que vous vous réveillez à sept heures, et vous voyez la photo de votre grand-père et ce vous du futur, dans trois semaines, qui vous dit « Allons-y ! » Que se passe-t-il ?*

Cliente : (Elle sourit largement.) *Je me sens plus à l'intérieur de moi, et solide. Je suis prête à y aller.*

Coach : *Je vois ça.*

Cliente : *Merci beaucoup. Merci de m'avoir tellement aidée.*

Dans cette démonstration, le coach a utilisé une combinaison de protocoles pour la répétition mentale, l'augmentation de la motivation et l'auto-ancrage pour soutenir la cliente à se préparer et suivre une pratique développée pour apporter plus d'équilibre dans sa vie. Nous avons vu également que des obstacles peuvent apparaître à n'importe laquelle des six étapes. Ils n'attendent pas forcément l'étape cinq pour apparaître. Et ils ne sont pas tous complètement traités à l'étape cinq.

En fait, nous pourrions aller jusqu'à dire que d'une certaine façon chacune des six étapes contient les six étapes. C'est-à-dire que l'étape 1 peut finir par devenir une mini-version des six étapes, que l'étape 2 peut finir par devenir une mini-version des six étapes, l'étape 3 peut finir par devenir une mini-étape des six étapes, et ainsi de suite.

Dans le prochain chapitre nous donnerons un exemple d'assemblage des six étapes en un seul processus unifié.

QUELLES SONT LES PRATIQUES QUI ME PERMETTENT DE TRANSFORMER MES INTUITIONS EN CHANGEMENTS CONCRETS ?
JE LE MÉRITE
ALLONS-Y !
MA MARCHE QUOTIDIENNE COMME UN MOMENT POUR MOI QUE JE MÉRITE
CE QUE JE ME DIS À MOI-MÊME TOUS LES JOURS
« UNE PHOTO DE MON GRAND-PÈRE POUR M'INSPIRER »
INTÉGRER MON CHAMP DE RESSOURCES DANS MA VIE QUOTIDIENNE

Dare to be your own illumination
Trust the energy that courses through you.
Trust, then take surrender even deeper. Be the energy.
Don't push anything away.
Follow each sensation back to its source in vastness and pure presence.
Emerge so new, so fresh, that you don't know who you are.
Welcome in this season of monsoons.
Be the bridge across the flooded river and the surging torrent underneath.
Be unafraid of consummate wonder.
Be the energy, and blaze a trail across the clear night sky like lightning.
Dare to be your own illumination.

Dana Faulds

Osez être votre propre illumination
Faites confiance aux énergies qui vous parcourent.
Faites confiance, puis portez le lâcher-prise à un niveau plus profond. Soyez l'énergie.
N'écartez rien.
Remontez à la source de chaque sensation dans la vastitude et la présence pure.
Ressortez-en si nouveau, si frais, que vous ne savez plus qui vous êtes.
Bienvenue dans cette saison de moussons.
Soyez le pont au-dessus de la rivière en crue et le torrent qui jaillit en dessous.
Ne craignez pas le merveilleux accompli.
Soyez l'énergie, et tracez à travers le clair ciel nocturne une piste de lumière comme un éclair.
Osez être votre propre illumination.

9

ASSEMBLER LES SIX ÉTAPES

Nous sommes maintenant prêts à voir comment les six étapes du coaching génératif s'articulent en un processus unique. Généralement, les étapes s'enchaînent organiquement. Bien sûr, chaque voyage est unique et la façon dont les étapes se déploient est imprévisible, c'est en partie ce qui rend le processus génératif.

Dans nos programmes de formation au coaching génératif, nous faisons souvent une démonstration chronométrée dans laquelle nous ne consacrons pas plus de cinq minutes à chaque étape. Nous considérons qu'il s'agit d'une « contrainte créative » qui crée la possibilité d'un **« flux discipliné »**. C'est également l'opportunité de montrer comment le coaching génératif en six étapes se déploie naturellement au cours d'une session.

Voici la transcription d'une de ces démonstrations chronométrées que nous avons guidée ensemble : elle fournit une bonne illustration de la façon dont les six étapes se déploient pour constituer une véritable session de coaching.

ÉTAPE 1 :
OUVRIR UN CHAMP COACH

Coach : *Nous savons qu'il existe de nombreuses façons de créer un champ COACH. Très souvent, plutôt que de guider quelqu'un directement vers l'état COACH je commence par demander : « Vous êtes-vous déjà trouvée dans un état où vous ressentiez vraiment du flow, de la connexion et de la créativité calme ? »*

Cliente : *Oui. Ce qui me vient à l'esprit, c'est ce que Stephen appelle les trois semences – « immobilité », « silence » et « vastitude ». J'imagine juste de lâcher chacune de ces trois semences à travers tout mon corps jusque dans le sol. Immobilité.* (Elle respire profondément.) *Silence.* (Elle respire profondément.) *Et la dernière, la vastitude.* (Elle respire profondément.)

Coach : *Et je suis curieux de savoir ce que vous remarquez lorsque vous lâchez ces semences ? De quoi êtes-vous consciente dans ce qui se passe à l'intérieur de vous ?*

Cliente : *Je suis connectée.* (Elle place les mains sur son cœur.)

Coach : *Et je vois que vous touchez la zone de votre cœur. Est-ce que c'est là que vous êtes connectée ?*

Cliente : *Oui, et je suis ouverte. Je suis présente et je suis ouverte.* (Elle respire profondément.)

Coach : *Je vous vois. Bienvenue. Et sur une échelle de 0 à 10, 10 étant « je suis dans mon meilleur état COACH » et 0 étant « je suis sortie, ou complètement CRASH » – à combien diriez-vous que vous êtes là, maintenant ?*

Cliente : *À sept et demi pour l'instant.*

Coach : *Sept et demi ? C'est bien. Et je suis curieux de savoir si quelque chose pouvait vous aider à approfondir un tout petit peu votre état COACH. Qu'est-ce qui pourrait vous aider à aller un peu plus profond ?*

Cliente : *Je pense que j'ai besoin d'être un peu plus enracinée. Un peu plus présente.* (Elle respire profondément.)

Coach : (Il respire profondément.) *Je voudrais juste partager ça avec vous. Ça fait du bien de créer ce qu'on appelle un « champ COACH ». Je me suis joint à vous dans l'état créé par ces semences, et j'ai ajouté une queue de kangourou imaginaire sur laquelle je pouvais m'asseoir, pour m'aider à rester enraciné et stable.* (Il fléchit les genoux et respire profondément.)

Cliente : (Elle fléchit les genoux et respire profondément.) *Ça aide. Maintenant, mon état COACH est plutôt à huit et demi.*

ÉTAPE 2 :
POSER L'INTENTION/L'OBJECTIF

Coach : *Merci d'avoir apporté ces trois semences dans la conversation. Et nous allons garder ces trois semences sur une étagère ici, parce que nous savons que pendant le travail il y aura peut-être des moments où un petit CRASH apparaîtra. Nous savons que nous avons ces graines pour nous aider à nous reconnecter avec votre état créatif sous-jacent. Qu'en pensez-vous ?*

Cliente : (Elle respire profondément.) *Ça me paraît bien.*

Coach : *Immobilité, silence, vastitude. Donc ça vous permet de commencer à ressentir au niveau le plus authentique en vous, s'il y avait une chose que vous pensez que vous aimeriez vraiment être capable de créer dans votre vie, qu'est-ce que ce serait ?*

Cliente : *Je veux vraiment intégrer dans ma vie, et dans mon travail, tous les apprentissages et les expériences venus de mes récentes études avec le changement génératif.*

Coach : *C'est formidable ! Je veux que vous sachiez que lorsque vous partagez à partir de cet endroit, j'ai comme une boule de feu rouge qui commence à s'ouvrir dans mon cœur. Et je suis curieux de savoir ce qui se passe dans votre corps lorsque vous commencez à parler avec curiosité, compassion et courage. Quand vous dites « je veux ramener ces apprentissages et ces expériences dans mon travail et dans ma vie », où est-ce que ça vous touche ?*

Cliente : *Ça touche mon cœur.* (Elle place ses mains sur son cœur.)

Coach : *C'est super ! Alors, bienvenue. Votre voyage créatif commence quelque part au fond de votre cœur. Bienvenue. Bienvenue. Et si vous déclarez « je veux ramener ces apprentissages et ces expériences dans mon travail et chez moi », je me demande quel serait le modèle somatique qui élèverait ça depuis votre ventre et votre cœur jusque dans le monde de votre travail et chez vous ? Quels sont les mots ?*

Cliente : (Elle respire profondément puis étend les deux bras depuis son cœur comme pour atteindre quelque chose devant elle.) *Faisons-le enfin !*

Coach : *Faisons-le enfin !* (Il reproduit le geste en miroir.)

Coach : *Et je veux vous demander de ressentir votre ventre et votre cœur. Nous voulons vraiment nous assurer que vous gardiez cette connexion.*

Cliente : (Elle étend ses deux bras depuis son cœur.) *Faisons-le enfin !*

Coach : *Et lorsque vous dites « faisons-le enfin ! » et que vous faites le geste, y a-t-il une image de ce que ça signifie pour vous qui vous vient ?*

Cliente : (Elle fait le geste.) *C'est une sorte de vaisseau spatial.*

Coach : *Et si vous visualisez ce vaisseau spatial en train de décoller tout en faisant le geste et disant ces mots à nouveau, ce serait comment ?*

Cliente : *Faisons-le enfin.* (Elle étend les deux bras à partir de son cœur.)

Coach : (Il reproduit le geste en miroir.) *On le refait encore.*

Cliente : *Faisons-le enfin !* (Elle étend les deux bras à partir de son cœur.)

ÉTAPE 3 : ÉTABLIR UN ÉTAT GÉNÉRATIF

Coach : *L'étape 3 concerne l'état génératif, et le schéma expérimental de base de l'état génératif ce sont les trois connexions positives – la connexion à votre intention, à vous-même et à votre champ de ressources. Et si vous faites ce geste et que vous dites ces mots, là, maintenant, je suis curieux de savoir, sur une échelle de 0 à 10 à combien vous vous sentez congruente et engagée à ça ?*

Cliente : *C'est huit. Mais il y a comme quelque chose qui cogne ici.* (Elle place ses deux mains sur le haut de sa poitrine.)

Coach : *C'est une partie de votre équipe. Bienvenue. Nous sommes ravis que vous soyez là. Bienvenue. Et tout en faisant de la place pour ce* *qui cogne* ici (il pointe vers le haut de sa poitrine) *gardons à l'esprit ces trois semences de silence, d'immobilité et de vastitude. Et enracinons-nous un peu sur nos queues de kangourous.* (Il fléchit les genoux et respire profondément.) *Bienvenue.*

Cliente : (Elle fléchit les genoux et respire profondément.) *Bienvenue. Oui. C'est plus calme maintenant.*

Coach : *À votre avis, quelle est l'intention positive de ce « cognement » ?*

Cliente : *C'est juste : « Tu as besoin de temps pour toi. Tu as besoin de prendre soin de toi. »*

Coach : *Vous avez besoin de temps pour vous. Vous avez besoin de prendre soin de vous. C'est important de s'en souvenir lorsque « vous le faites enfin ». Et pour ramener vos apprentissages et expériences dans votre travail et chez vous tout en vous assurant d'avoir du temps pour vous, vous allez avoir besoin de bonnes ressources. Si vous vous ouvrez à votre champ de ressources en faisant ce geste de votre intention* (il étend les bras à partir de son cœur) *et en visualisant cette image du vaisseau spatial, qui ou qu'est-ce qui vous vient comme étant particulièrement significatif et important pour vous soutenir à « le faire enfin » et garder en tête de prendre soin de vous ?*

Cliente : (Elle étend les deux bras à partir de son cœur.) *Ce sont mes ancêtres.*

Coach : *Des ancêtres en particulier ?*

Cliente : *Oui, mon grand-père et ma grand-mère.*

Coach : *Votre grand-père et votre grand-mère. Quelle conscience avez-vous de leur présence quand vous êtes debout ici ?*

Cliente : (Elle respire profondément et ouvre sa poitrine en redressant les épaules.) *Je les sens juste à ma droite et à ma gauche.*

Coach : *À combien vous sentez-vous connectée à votre grand-père et votre grand-mère, là tout de suite, sur une échelle de 0 à 10 ?*

Cliente : *C'est neuf.*

Coach : *Neuf. C'est super. Et comment sentez-vous cette connexion à eux ? Quelque chose ici ?* (Il pointe ses épaules.)

Cliente : *Oui. C'est comme si mes épaules commençaient à se redresser.* (Elle respire profondément.)

Coach : *Bienvenue.* (Il redresse ses épaules et respire profondément.) *Bienvenue.*

ÉTAPE 4 : PASSER À L'ACTION

Coach : *Maintenant que nous commençons à passer à l'action et à créer votre storyboard pour ramener vos apprentissages et expériences dans votre travail et chez vous et « le faire enfin », tout en prenant soin de vous, ça va être important d'avoir le soutien de votre grand-père et de votre grand-mère.*

Cliente : *Oui, ils sont là…* (Elle redresse ses épaules et respire profondément.)

Coach : *Bien, nous allons faire une ligne du temps. Quelle est la direction de votre futur ?*

Cliente : *Par là.* (Elle se place sur sa ligne du temps et se tourne vers sa droite.)

Coach : *Je vais vous demander d'imaginer concrètement de vivre ce chemin de ramener vos apprentissages et expériences dans votre travail et chez vous et de le faire enfin, tout en prenant soin de vous.* (Il étend les deux bras à partir de son cœur.) *Quelles sont les étapes principales ?*

Cliente : (Elle étend les deux bras à partir de son cœur.) *Trouver l'équilibre.*

Coach : *Trouver l'équilibre. Je suis curieux de savoir à quoi ça pourrait ressembler concrètement ? Lorsque vous avez cet équilibre et que vous intégrez ces apprentissages et expériences, à quoi ressemble une journée ? Concrètement, qu'est-ce que vous faites ? Qu'est-ce qui se passe ?*

Cliente : *D'accord. Alors, la première partie de la journée je vais vraiment prendre soin de moi.*

Coach : *Comment allez-vous faire ça ? Qu'est-ce que vous faites la première partie de la journée pour prendre soin de vous ?*

Cliente : *Aller marcher et faire des exercices d'équilibrage, comme du yoga. Et passer la matinée avec les enfants.*

Coach : *Super. Et ensuite ?*

Cliente : *Et ensuite dans l'après-midi commencer à faire du travail pour les clients. Il y a des activités en lien avec cette plateforme en ligne que je suis en train de créer. Mais c'est après midi. Tout après midi.*

Coach : *Après midi. C'est bon à savoir ! Maintenant ça devient concret. Et après ? Est-ce que vous faites du travail*

pour les clients et sur la plateforme internet jusqu'à minuit ?

Cliente : *Non. Maximum jusqu'à huit heures du soir.*

Coach : *Maximum jusqu'à huit heures du soir. Et alors, après huit heures ?*

Cliente : *Passer du temps avec ma famille.*

Coach : *Passer du temps avec votre famille. Super. Nous allons donc parcourir ces étapes sur votre ligne du temps très lentement, pour que vous puissiez intégrer ce storyboard dans vos muscles. Le matin vous allez marcher, vous faites des exercices d'équilibrage, du yoga, vous passez la matinée avec les enfants. Ensuite, après midi, vous faites du travail pour les clients et des activités liées à votre plateforme internet…*

Cliente : (Elle commence à avancer lentement sur sa ligne du temps, puis hésite.)

ÉTAPE 5 : TRANSFORMER LES OBSTACLES

Coach : *Vous pouvez voir qu'à ce point elle s'est de nouveau heurtée à l'obstacle. C'est donc qu'elle est allée trop vite. Son corps lui donne un feedback qu'elle n'a pas cognitivement reconnu.*

On dirait que vous touchez des éléments fondamentaux très importants. Vous vous connectez à cet intérêt passionné d'amener vos apprentissages et expériences dans votre vie et votre travail. Seulement vous découvrez en le faisant que ça réveille aussi une jumelle qui vit à la cave. Donc je me demande si nous pourrions faire un petit processus en termes de « je prévois de ramener mes apprentissages et expériences dans mon travail et chez moi » (il étend les deux bras à partir de son cœur) *et alors « mon autre besoin, c'est… » et puis vous laissez juste émerger la réponse qui vient.*

Cliente : (Elle étend les deux bras à partir de son cœur, fait une pause puis place ses deux mains sur le haut de sa poitrine.) *Oui, c'est là-haut.*

Coach : *C'est super. C'est super ! Une autre partie fondamentale dit « il faut que je vienne aussi avec vous dans ce voyage ».* (Il place ses deux mains sur le haut de sa poitrine.) *C'est super. Vous pourriez ressentir que, tout en vous connectant à cette partie, vous êtes vraiment ouverte à la présence de votre grand-mère et de votre grand-père.*

Cliente : (Elle redresse les épaules et respire profondément.)

Coach : *C'est si intéressant d'apprendre que tandis que vous amenez vos apprentissages et expériences dans le monde extérieur avec enthousiasme, quelqu'un d'autre qui vit profondément à l'intérieur dit « si vous suivez ce chemin, je viens aussi ». Est-ce que ce n'est pas formidable ? Trouvons donc le mouvement qui dit « Bienvenue. »*

Cliente : (Elle redresse les épaules et respire profondément, puis place ses deux mains sur le haut de sa poitrine.) *Bienvenue.*

Coach : *Si vous laissez venir un chiffre pour l'âge de cette partie de vous, ce serait quoi ?*

Cliente : *Sept.*

Coach : *Sept ans. C'est formidable. Est-ce que ce n'est pas génial de savoir que cette partie de vous âgée de sept ans veut prendre part à la façon dont vous apportez vos apprentissages et expériences dans le monde ?*

Cliente : *Oui. J'ai besoin de me souvenir qu'elle est là.*

Coach : *Maintenant je vous suggère de trouver un mouvement en trois parties. L'un est ce mouvement de « enfin, j'apporte mes apprentissages et expériences dans le monde ».* (Il étend les bras à partir de son cœur.) *Ensuite, j'apporte de la connexion à cette partie fondamentale terriblement vulnérable.* (Il place les mains sur le haut de sa poitrine.) *Et alors vous demandez à votre corps de trouver un troisième mouvement qui représente les deux ensemble.*

Cliente : (Elle étend les bras à partir de son cœur, puis place les mains sur le haut de sa poitrine. Elle redresse les épaules et respire profondément. Elle répète l'enchaînement d'étendre les bras puis ramener les mains sur le haut de sa poitrine jusqu'à ce que cela devienne un mouvement rythmique. Ensuite elle étend le bras droit en gardant la main gauche sur la poitrine, puis elle ramène la main droite sur sa poitrine en étendant le bras gauche, et elle continue en alternant un bras étendu, l'autre main sur la poitrine.)

Coach : (Il reproduit le mouvement en miroir.) *C'est bien. Formidable !*

Cliente : (Avec un grand sourire.) *Ça paraît tellement simple maintenant. Si évident. Si naturel.*

ÉTAPE 6 : PRATIQUES POUR APPROFONDIR LE CHANGEMENT

Coach : *J'ai le sentiment que vous avez réalisé un travail important, très focalisé. Vous êtes d'accord ?*

Cliente : *Oui.*

Coach : *Alors maintenant je suis curieux de savoir comment vous allez poursuivre et approfondir cette intégration une fois de retour chez vous. Vous avez combien d'enfants ?*

Cliente : *Trois.*

Coach : *Trois. Waouh ! Moi aussi j'aurais besoin d'un peu de temps pour moi. Je vais donc vous demander de prendre une inspiration et ressentir une première pratique, un premier engagement. Vous aviez commencé à explorer comment apporter vos apprentissages et expériences dans votre vie professionnelle, et en même temps vous ressourcer et rester connectée à une partie de vous vulnérable et plus profonde. Si vous affirmez : « Une pratique qui à mon avis pourrait vraiment m'aider serait… »* (Il étend son bras droit en plaçant sa main gauche sur le haut de sa poitrine, puis il ramène sa main droite sur la poitrine en étendant le bras gauche.) *Quelle est la réponse qui vous vient ?*

Cliente : (Elle étend son bras droit en plaçant sa main gauche sur le

haut de sa poitrine, puis elle ramène sa main droite sur la poitrine en étendant le bras gauche et poursuit le mouvement en alternant les bras.) *Le yoga.*

Coach : *Le yoga. Très bien. Alors je vais vraiment vous inviter à prendre un moment pour vous après cette session, pour écrire vos réflexions et vous souvenir que ce qui est venu comme une façon vraiment importante de vous donner l'enracinement, l'équilibre et la connexion à un sens plus profond de vous-même tandis que vous apportez vos apprentissages et vos expériences dans votre vie professionnelle, c'est le yoga. Est-ce que ce n'est pas formidable de le savoir ?*

Cliente : *Oui.*

Coach : *Si vous vous accordez à votre moi plus profond et vulnérable* (il place ses deux mains sur le haut de sa poitrine), *quelle serait la façon spéciale de prendre l'engagement « je vais me montrer pleine de cœur envers mes quatre enfants, dont cette partie de moi âgée de sept ans ».*

Cliente : (Elle place ses mains sur le haut de sa poitrine. Elle respire profondément et sourit.) *Il s'agit d'aller marcher le matin. Avant de faire quoi que ce soit d'autre.*

Coach : *Aller marcher. Et on veut vraiment apprécier le fait que par certains aspects il y a là-dedans un élément sacré. Cet endroit ici* (il place les mains sur le haut de sa poitrine), *c'est votre base.*

Cliente : (Elle place les mains sur le haut de sa poitrine. Elle respire profondément et sourit.) *Oui. Je vais prendre soin d'elle lorsque je marcherai le matin.*

Coach : *J'aimerais aussi vous encourager à trouver une autre pratique pour garder une connexion durable à votre grand-père et à votre grand-mère. Quelle serait votre pratique pour vous connecter à eux tous les jours ? Le yoga est une bonne façon de garder l'équilibre, et marcher une bonne façon de prendre soin de votre « base ». Ce sera aussi important de garder la connexion avec ces ressources qui vous soutiennent. Quelle pratique pourrait à votre avis soutenir cette connexion ?*

Cliente : *Ce qui me vient à l'esprit à l'instant c'est que je peux mettre une photo d'eux dans ma chambre et près de mon ordinateur. Et avant d'aller me coucher dire : « Merci d'avoir été présents avec moi aujourd'hui, merci. »*

Coach : *Merci.*

Cliente : *Oui. Je pense que de conclure mes journées avec de la gratitude va être vraiment important.*

Coach : *Je suis d'accord. Merci beaucoup.*

Cliente : *Merci. Merci !*

(Applaudissements.)

Réflexions sur la démonstration

Un certain nombre de schémas courants sont apparus dans cette démonstration. L'un d'entre eux, c'est que les obstacles commencent souvent à apparaître à l'étape deux. C'est une expression directe de ce que Carl Jung entendait par « énantiodromie ». Non seulement chaque chose contient son opposé, mais chaque chose finit par se transformer en son opposé. Plus je fais une chose, plus son opposé va apparaître dans une tentative d'apporter de l'équilibre. Nous coachons donc toujours avec une oreille pour chaque côté. C'est également l'une des raisons pour lesquelles nous aimons demander des modèles somatiques. Ils facilitent souvent l'anticipation du type de force d'équilibrage qui peut émerger.

Dans ce cas il y avait la complémentarité entre *« faire pour les autres et apporter quelque chose dans le monde »* et *« prendre soin de moi »*. Le mouvement que la cliente a fait lorsqu'elle exprimait son intention de *« le faire enfin »* – en étendant ses bras à partir de son cœur – était un peu trop d'un seul côté, ce qui signifiait qu'il allait vraisemblablement être suivi par son complément *« j'ai besoin de prendre soin de moi aussi »* et du geste des mains sur le haut de sa poitrine.

Lorsque cela se produit, la question est de savoir si vous êtes là pour l'accueillir ou si vous dites « Non, on continue juste d'avancer, on avance, on avance, on avance. » Dans ce cas, la partie de vous qui vous ramène à votre « base » sera un symptôme « négatif ». Cette partie complémentaire commence à apparaître dans sa version CRASH. Si vous ne gérez pas ces éléments, ils deviendront des entraves.

Dans la démonstration, la partie complémentaire s'est montrée à la fin de l'étape 2, et elle a été suffisamment accueillie pour ne pas créer trop de CRASH. La cliente a pu maintenir une connexion suffisamment forte, à elle-même et à son intention. C'est bien entendu important de garder à l'esprit qu'aux étapes 2 et 3 il n'y a encore rien de vraiment concret à quoi réagir ; cela arrive à l'étape 4 lorsqu'on commence à passer à l'action. C'est le moment où *« la gomme attaque l'asphalte »*, c'est là que les obstacles vont probablement s'activer beaucoup plus.

En tant que coach génératif, nous considérons que dans leur immense majorité les gens sont suffisamment motivés et compétents pour atteindre les objectifs dont ils parlent. Dans sa démonstration, la cliente a dit : « Je veux ramener mes apprentissages et expériences chez moi. » Vous ne la croyez pas capable de le faire ? Bien sûr que si ! Donc ce qui pourrait l'arrêter alors qu'elle s'y met, c'est quelque chose qui s'active sur le chemin. Et c'est sa relation et sa connexion à ce qui s'active qui en fait soit une ressource qui la porte à un tout autre niveau de son être génératif, soit un problème qui la fait chuter à nouveau. Ce qui fait la différence entre un coach vraiment génératif et les autres, c'est qu'il accorde vraiment beaucoup d'attention à cela.

Ce n'est pas rare que ces obstacles intérieurs aient leurs origines plus tôt dans notre histoire personnelle. Ils se sont formés au départ précisément parce qu'ils n'ont pas été accueillis et abordés par une présence humaine pleine de ressources. C'est l'une des raisons pour lesquelles nous demandons souvent « l'âge » de ce qui semble être un obstacle. Nous voulons l'humaniser pour que le client le perçoive comme une part de lui-même plutôt que comme une présence étrangère négative. En tant que coach génératif, nous ne nous intéressons pas au contenu spécifique de ce qui se passait à cet âge ou « pourquoi » ce schéma s'est développé. Nous cherchons plutôt à porter cette présence dans un champ COACH plus vaste de façon à ce que son expression rigide puisse s'assouplir. Ensuite, en trouvant son intention positive, nous pouvons explorer des expressions nouvelles et mieux intégrées de cette partie du holon intérieur du client.

Bien entendu, c'est aussi là que les ressources rassemblées à l'étape 3 deviennent essentielles. Ce sont souvent elles qui aident à créer le pont entre ce qui semble être des polarités et les transforment en complémentarités génératives.

Nous voulons souligner que les obstacles créent parfois une quantité significative de CRASH avant d'arriver à l'étape 5. Lorsque c'est le cas, nous utilisons simplement l'un de nos schémas de base pour transformer les obstacles.

Et, comme toujours, nous prenons conscience que tout ce que nous avons fait durant la session, c'est seulement ouvrir une possibilité. Rien n'a encore changé, et rien ne changera jusqu'à ce que le client ait pris l'engagement de faire quotidiennement ce dont il a besoin pour faire arriver ce changement.

Cela va être important que le coach assure le suivi de ces pratiques : *« Remerciez-vous vos grands-parents tous les soirs ? Est-ce que vous respectez cet engagement de commencer seulement après midi ? Allez-vous marcher tous les matins ? Est-ce que vous faites votre yoga ? »* Si non, il faut revenir au storyboard et à l'étape 5 et explorer plus en profondeur.

S'il semble, en surface, que la session devrait apporter un changement positif mais que lorsqu'on vérifie par la suite il s'avère qu'il ne s'est rien passé ou que le client n'a pas poursuivi, notre postulat systémique est qu'il y a dans le holon une autre présence qui n'est pas incluse dans la conversation et qui, du coup, sabote ou démolit. Cela signifie plus d'étape 5.

Assembler les six étapes

ÉTAPE 6 :
PRATIQUES
POUR APPROFONDIR
LE CHANGEMENT
ÉTAPE 5 :
TRANSFORMEZ
LES OBSTACLES
?
ÉTAPE 4 :
PASSEZ
À L'ACTION

The breezes at dawn has secrets to tell you.
Don't go back to sleep.
You must ask for what you really want.
Don't go back to sleep.
People are going back and forth
across the threshold where the two worlds touch.
The door is round and open.
Don't go back to sleep.
Rumi

Les brises de l'aube ont des secrets à te confier.
ne te rendors pas.
Tu dois demander ce que tu veux vraiment.
ne te rendors pas.
Les gens vont et viennent
à travers le seuil où les deux mondes se touchent.
La porte est proche et ouverte.
Ne te rendors pas.

Conclusion

Comme nous l'avons souligné au premier chapitre, la puissance du modèle de coaching génératif en six étapes vient, d'une part, du fait qu'il s'agit d'un processus pas à pas très clair, et d'autre part du fait qu'il n'est pas rigide. Il permet à la fois de la flexibilité et l'inclusion de nombreuses méthodes et modalités pour assurer une étape donnée.

Nous prévoyons en fait d'autres volumes sur le coaching génératif dans lesquels nous montrerons comment appliquer différentes variantes et d'autres approches que l'on peut ajouter pour enrichir chacune de ces étapes. L'une de nos motivations pour développer le modèle en six étapes a été le fait que nous cherchions un moyen de mettre nos quatre-vingt-dix ans de travail combiné en une seule trame. Nous avons découvert que nous pouvons apporter tout ce que nous savons dans une session avec un client dans cette structure en six étapes.

Nous vous encourageons à faire la même chose – engager toutes vos connaissances et tous vos talents en pratiquant ces étapes. C'est la méthode pour vous les approprier.

Les six étapes du coaching génératif fournissent fondamentalement un moyen profond et pratique pour aider les clients à accéder à ce que nous appelons « le champ quantique » des possibilités, et élargir leur potentiel. Les étapes sont principalement conçues pour soutenir la conversation entre le royaume des possibilités quantiques et le monde de la réalité classique – entre la structure et un champ ouvert. C'est ce que Rumi appelle « le seuil où les deux mondes se touchent ».

L'importance du champ relationnel entre le coach et le client

Il faut toutefois garder à l'esprit que le facteur qui détermine finalement si quelque chose de vraiment magique va se passer, c'est la qualité du champ relationnel entre le coach et le client, quels que soient les outils et les connaissances que vous utilisez. Le même outil produira des résultats complètement différents dans des champs relationnels différents. Nous aimons souligner que si le filtre qui porte l'interaction est en CRASH, alors quoi que vous pensiez ne fera aucune différence, quoi que vous puissiez dire ne fera aucune différence et quoi que vous fassiez ne fera aucune différence. En revanche, si la même interaction se produit au sein d'un champ COACH, alors tout ce que vous pensez est magique, tout ce que vous dites est magique et tout ce que vous faites est magique.

Impliquer l'intelligence somatique

L'importance d'impliquer le corps et l'intelligence somatique dans votre coaching représente un autre point sur lequel nous allons continuer d'insister. Lorsque le corps n'est pas impliqué, c'est pratiquement impossible d'être vraiment génératif. C'est nécessaire de libérer et d'utiliser le corps, parce qu'il sait mieux que notre esprit cognitif comment apporter quelque chose dans ce monde.

Faciliter le dialogue entre les complémentarités

Un autre point majeur sur lequel nous avons insisté, c'est que la créativité est toujours un dialogue entre des perspectives et des énergies complémentaires. Par exemple, pour être efficace dans le monde, il nous faut plus que de la légèreté, de la douceur et de la gentillesse. Il nous faut également de la détermination et de l'âpreté. Lorsqu'on n'a que la légèreté et la douceur, c'est difficile de s'engager sur *« c'est ce que je veux faire dans le monde »*. C'est le principe du yin et du yang. C'est lorsque le yin et le yang sont interconnectés que la différence se fait.

Mais si jamais l'une de ces énergies de l'âme, telle qu'elle s'éveille à travers vous, rencontre une présence humaine négative, elle se retrouve verrouillée dans une forme rigide et apparaît comme un obstacle. Par exemple, imaginez d'avoir grandi en entendant : *« Tu dois toujours être gentil et calme. »* Quelle quantité de pouvoir ressentez-vous ? Quelle dose d'intérêt ? Combien de soutien ressentez-vous pour vivre votre vie aussi pleinement que possible ? Et si alors vous avez essayé d'apporter une énergie d'équilibrage déterminée et intense à travers vous, et qu'on vous a dit : *« Tu ne peux pas apporter cette partie de l'énergie de ton âme dans le monde. »* et vous l'avez fermée. Vous vivez maintenant d'une façon déséquilibrée, jusqu'au moment où vous ne pourrez plus vraiment continuer de cette façon. Vous vous rendez compte que ce n'est pas suffisant d'être *« toujours gentil et calme »*. Et c'est là qu'il devient important de comprendre que votre ressource la plus profonde est en fait le *« jumeau maléfique »* qui est resté enfermé à la cave pendant des années.

C'est pourquoi, en tant que coach génératif, vous testez constamment les ressentis : *« Où est l'énergie ? Qu'y a-t-il dans ce champ énergétique ? Qu'est-ce qui n'y est pas ? »*

Pratiquer le flux discipliné

Nous souhaitons également mette en lumière que, comme toute méthodologie avec une capacité générative, le coaching génératif en six étapes est un processus d'apprentissage à vie. Lorsque nous avons commencé à étudier avec notre mentor commun, Milton Erickson, nous avions tous les deux le bel âge de 19 ans. C'était parfaitement clair pour tous les deux que l'idée principale transmise par Erickson – celle sur laquelle tous ses étudiants s'accorderaient, sa grande contribution radicale – était la notion *« d'utilisation »*. Elle impliquait l'accueil talentueux de chaque partie de la personne, puis la capacité de voir comment s'engager créativement avec toutes ces parties de façon à ce qu'elles soient considérées comme des contributions positives essentielles à l'éveil de la personne. Et la résultante de ce processus était l'émergence d'un schéma positif – une réorganisation nouvelle et plus efficace de l'expérience de la personne.

Au fil des années, à chaque fois que l'un d'entre nous a cru qu'il avait enfin compris et maîtrisé ce qu'Erickson entendait par utilisation, il se passait quelque chose qui nous amenait à réaliser que c'était bien plus que cela, que l'utilisation était un principe beaucoup plus profond et plus intéressant que nous ne le pensions. Nous nous sommes finalement rendus compte qu'il n'y a pas plus de compréhension finale que de maîtrise définitive du sujet. On peut consacrer sa vie entière à rechercher profondément à cœur ouvert la nature de l'utilisation créative, il y a toujours plus à apprendre.

Il s'est passé le même phénomène avec ces six étapes du coaching génératif. Depuis le moment où nous avons commencé à développer le modèle, nous avons continué à apprendre : Qu'est-ce que c'est l'état COACH ? C'est quoi un état génératif ? Qu'est-ce qui caractérise un bon plan d'action ? Que signifie la transformation des obstacles ? Quelles sont les pratiques efficaces pour approfondir les changements initiés lors d'une session de coaching ? Nous espérons que vous approcherez ces étapes avec ce même type de curiosité créative.

Pour nous, une part de l'enchantement du travail de changement génératif tient à sa place dans un vaste lignage exploré par plusieurs générations de personnes. Et nous commençons tout juste à comprendre de quoi il retourne, ce qui signifie que nous pourrions en retirer tellement plus si nous nous y dédiions. S'ouvrir chaque jour au mystère.

Mihály Csíkszentmihályi, aussi connu sous le nom de « Dr Flow » affirme que l'état de haute performance du « flow » est issu de l'équilibre entre la discipline et l'ouverture. Il s'agit de la frontière que nous cherchons constamment à trouver en tant que coachs. Et, de là, trouver et travailler à la frontière de notre client. En faisant cela, on s'aperçoit que ces six étapes ne sont jamais prédictibles ni ennuyeuses, on découvre toujours quelque chose de plus. Est-ce que ce n'est pas stupéfiant ?

Pour ceux d'entre nous qui vont mourir, est-ce que ce ne serait pas plaisant de regarder ce moment depuis très, très loin et dans longtemps dans le futur, lorsque nous serons sur le seuil, et dire à la personne présente *« C'était stupéfiant ! »* et puis retomber dans le champ quantique. Et, pour ceux qui ressembleraient à l'un de nos anciens gouverneurs californiens, vos derniers mots pourraient être « Je reviendrai[1]. »

Nous reviendrons dans les volumes suivants du Coaching Génératif.

1. [1] NdT : Arnold Schwartzenegger.

Postface

Nous espérons que vous avez apprécié cette introduction au coaching génératif. Il y a bien plus à apprendre et explorer sur ce sujet, et nous travaillons déjà sur les volumes suivants. Si cela vous intéresse d'apprendre plus en profondeur les principes et applications du coaching génératif, vous pourriez envisager de suivre l'un de nos programmes de 15 jours certifiants en coaching génératif.

La plupart des textes de ce livre proviennent en fait des transcriptions du premier module de formation en coaching génératif lors de nos programmes à Londres, Saint-Pétersbourg et Cologne. La certification en coaching génératif vous qualifie pour une adhésion professionnelle à l'***International Association for Generative Change*** (Association Internationale pour le Changement Génératif, IAGC) en tant que « Praticien de Changement Génératif en Coaching Génératif ».

L'Association Internationale pour le Changement Génératif

Nous avons créé l'International Association for Generative Change (IAGC) comme un moyen de construire une communauté mondiale de personnes passionnées par l'exploration, la pratique et le développement d'applications du changement génératif. L'IAGC est une association internationale qui soutient les praticiens du changement génératif, les organismes de formation et les programmes de certification à travers le monde, en fournissant des standards internationaux, un code d'éthique et une plateforme d'échanges. La vision à la base de l'IAGC est celle d'un monde dans lequel les gens de toute la planète sont capables et éveillés à rencontrer les défis de notre époque avec créativité en incarnant les principes du changement génératif.

L'IAGC propose deux niveaux d'adhésions, professionnel ou associé, et d'autres ressources qui promeuvent le changement génératif dans les contextes personnel, professionnel et organisationnel. Le site de l'IAGC sert de plateforme centrale à des gens du monde entier pour se rencontrer, échanger, collaborer et développer de nouvelles applications au travail de changement génératif. L'IAGC organise également une conférence annuelle avec des master classes, des groupes mastermind, des conversations génératives et des opportunités de réseautage focalisées sur des thématiques liées à l'application du changement génératif dans différents domaines.

L'un des objectifs clés de l'IAGC est d'apporter les principes du changement génératif à de nombreuses professions. Comme nous l'avons évoqué au chapitre 2, il y a trois principaux domaines d'application du travail sur le changement génératif : (1) le Coaching Génératif, (2) la Transe Générative, et (3) le Changement Génératif dans les Affaires. L'IAGC a été fondée pour soutenir ses membres à apporter de nouveaux modèles et méthodes à différentes communautés et professions. Son but ultime est d'aider à créer un monde dans lequel les coachs, les psychothérapeutes, les leaders, les enseignants, les formateurs et les

entrepreneurs facilitent les principes et processus du changement génératif dans de nombreux contextes : changement individuel, changement culturel et interculturel, et changement systémique dans les entreprises et les communautés.

Pour en savoir plus sur les programmes certifiants en Coaching Génératif, l'International Association for Generative Change et les adhésions professionnelle ou associé, consultez le site : http://www.generative-change.com

Comme nous l'avions mentionné précédemment, nous avons également chacun de notre côté nos domaines de travail et de développement distincts, mais reliés. Steve a développé un corpus de travail appelé « Creative Mind ». Robert a différents projets d'application de la Programmation Neuro-Linguistique et de la Modélisation des Facteurs de Succès.

Pour plus d'informations sur les activités individuelles de Steve :
http://www.stephengilligan.com
http://gilligan-creative.com/

Pour plus d'informations sur les activités individuelles de Robert :
http://www.robertdilts.com
http://www.diltsstrategygroup.com

Bibliographie

Bateson, G. (1972), *Steps to an Ecology of Mind*, New York: Ballantine Books.

Bateson, G. (1995), *Vers une écologie de l'Esprit*, Vol. I-II, Paris : Seuil.

Bandler, R. and Grinder, J. (1975), *The Structure of Magic,* Volume I, Palo Alto, Science and Behavior Books.

Bandler, R. et Grinder, J. (2016), *La Structure de la Magie*, Malakoff : interéditions ;

Bandler, R. and Grinder, J. (1976), *Patterns of the Hypnotic Techniques of Milton H. Erickson, M.D.*, Volume I, Capitola, Meta Publications.

Csíkszentmihályi, M. (1991), *Flow: The psychology of optimal experience,* New York: Harper Perennial.

Csíkszentmihályi, M. (1996), *Creativity: Flow and the Psychology of Discovery and Invention.* New York: Harper Perennial.

Dilts, R. (2003), *From Coach to Awakener*, Santa Cruz: Dilts Strategy Group.

Dilts, R. (2008), *De la Recherche de la Performance à l'Éveil*, Malakoff : interéditions ;

Dilts, R. (2015-2017), *Success Factor Modeling,* Volumes I-III, Santa Cruz: Dilts Strategy Group ;

Dilts, R. (2015-2021), *La Modélisation des Facteurs de Succès*, Vol. I-II-III, Dilts Strategy Group

Dilts, R., Delozier, J. & Bacon Dilts, D. (2010), *NLP II: The Next Generation*, Santa Cruz: Dilts Strategy Group.

Dilts, R. & McDonald, R. (1997), *Tools of the Spirit,* Santa Cruz: Dilts Strategy Group.

Dilts, R. (1990), *Changing Belief Systems With NLP,* Santa Cruz: Dilts Strategy Group.

Dilts, R. (2006), *Changer les systèmes de croyances avec la PNL*, Malakoff : interéditions ;

Dilts, R. & DeLozier, J. (2000), *Encyclopedia of Systemic Neuro-Linguistic Programming and NLP New Coding*, Santa Cruz: NLP University Press.

Erickson, M. H. (1980), *The Collected Papers of Milton H. Erickson*; Bruxelles : New York: Irvington Publishers Inc.

Erickson, M. H. (2009) *De la nature de l'hypnose et de la suggestion*, Satas

Gendlen, E. (1978), *Focusing,* New York: Bantam.

Gendlen, E. (2006), *Focusing, au centre de soi*, Bruxelles : Éditions de l'Homme.

Gilligan, S. (2012). *Generative Trance: The experience of creative flow*, Carmathen, Wales: Crown House Books.

Gilligan, S. (2015), *L'hypnose générative ou l'expérience du flow créatif*, Malakoff : interéditions.

Gilligan, S. (1997). *The courage to love: Principles and Practices of Self Relations Psychotherapy,* New York: Norton Professional Books.

Gilligan, S. (2001), *Le courage d'aimer : principes et mise en pratique de la thérapie des relations du soi*, Satas – Le Germe.

Gilligan, S. (1987). *Therapeutic Trances: The cooperation principle in Ericksonian hypnotherapy*. New York: Brunner/Mazel.

Gilligan, S., & Dilts, R. (2009), *The Hero's Journey: A Voyage of Self-Discovery*, Carmathen, Wales: Crown House Books.

Gilligan, S., & Dilts, R. (2011), *Le voyage du Héros : un éveil à soi-même*, Malakoff : interéditions.

Goswami, A. (1993). *The Self-Aware Universe: How Consciousness Creates the World*, New York: Tarcher/Putnam.

Haley, J. (1973), *Uncommon Therapy: The Psychiatric Techniques of Milton H. Erickson, M.D.*, New York: W. W. Norton & Co.

Haley, J. (2007), *Un thérapeuthe hors du commun : Milton H. Erickson*, Paris : Desclée de Brouwer.

Jung, C., G., (1961), *Collected Works of C. G. Jung*, Princeton, Princeton University Press.

Koestler, A. (1964), *The Act of Creation: A study of the conscious and unconscious in science and art*, New York: Macmillan.

Levine, P. (2010). *In an unspoken voice: How the body releases trauma and restores goodness,* Berkeley, CA: North Atlantic Books.

McGilchrist, I. (2009). *The Master and His Emissary. The Divided Brain and the Making of the Western World,* New Haven: Yale University Press.

Moss, R. (2007), *The Mandala of Being: Discovering the Power of Awareness*, Novato: New World Library.

Moss, R. (2008), *Le Mandala de l'être*, Paris : Albin Michel.

Osbon, D. (1991), *Reflections on the Art of Living; A Joseph Campbell Companion,* New York: HarperCollins.

Sapolsky, R. (1988), *Why Zebras Don't Get Ulcers: An Updated Guide To Stress, Stress Related Diseases, and Coping*, New York: W. H. Freeman.

Ware, B. (2011), *The Top Five Regrets of the Dying: A Life Transformed by the Dearly Departing*, Bloomington, Balboa Press.

Ware, B. (2013), *Les cinq regrets des personnes en fin de vie*, Guy Trédaniel

Wilber, K. (2001), *A Brief History of Everything*, Boston: Shambhala.

Wilber, K. (1997), *Une brève histoire de tout*, Boucherville, Québec : De Mortagne.

Wilhelm, H., Jung, C, (1967), translated by Baynes, C., *I Ching, the Book of Changes*, Princeton, Princeton University Press.

À propos des auteurs

Robert Dilts

Stephen Gilligan

Antonio Meza:
Illustrateur

Robert B. Dilts

Robert Dilts est développeur, auteur formateur et consultant dans le domaine de la Programmation Neuro-Linguistique (PNL) – un modèle sur le comportement humain, l'apprentissage et la communication – depuis sa création en 1975 par John Grinder et Richard Bandler. Robert est également co-développeur (avec son frère John Dilts) de la Modélisation des Facteurs de Succès et (avec Stephen Gilligan) du processus du Changement Génératif. Longtemps élève puis collègue à la fois de Grinder et Bandler, M. Dilts a également étudié personnellement avec le Dr Milton H. Erickson et Gregory Bateson.

Au-delà de son travail de pionnier d'application de la PNL à l'éducation, la créativité, la santé et le leadership, ses contributions personnelles comprennent beaucoup de travaux fondateurs sur les techniques de PNL des systèmes de stratégies et croyances, et le développement de ce qui est devenu connu sous le nom de PNL systémique. Auteur de plus de 25 livres, ses techniques et modèles comportent notamment le réimprinting, la stratégie d'imaginiérie de Walt Disney, l'intégration des croyances conflictuelles, les schémas de langage, la stratégie d'épeler, la technique de l'allergie, les niveaux neuro-logiques, le cycle du changement de croyance, le cercle du succès SFM et les six étapes du coaching génératif (avec Stephen Gilligan).

Cofondateur du Dilts Strategy Group, Robert est également cofondateur de NLP University International, du Institute for Advanced Studies of Health (IASH) et de l'International Association for Generative Change (IAGC). Robert est diplômé en technologie comportementale (Behavioral Technology) de l'University of California à Santa Cruz.

Stephen Gilligan, PhD

Un psychologue américain novateur, spécialisé dans le changement créatif.

Le Dr Gilligan a écrit, pratiqué la thérapie et le coaching et enseigné dans le monde entier depuis plus de 40 ans. Considéré comme un grand hypnothérapeute, son travail s'est développé bien au-delà de l'approche ericksonienne…

Stephen a été l'un des premiers étudiants de PNL à l'Université de Californie à Santa Cruz, et Milton Erickson et Gregory Bateson ont été ses mentors. Après l'obtention de son doctorat de psychologie à l'Université de Stanford, il est devenu l'un des premiers enseignants et praticiens en hypnothérapie ericksonienne. Ses travaux se sont développés dans ses approches originales des relations à soi et du soi génératif, puis au-delà (en collaboration avec Robert Dilts) dans le coaching génératif. Ces différentes voies ont toutes été mises à jour et intégrées dans le travail actuel sur le changement génératif, qui inclut le coaching génératif, la psychothérapie générative, la transe générative, le voyage du héros, et le changement systémique.

Stephen a enseigné dans de nombreuses cultures depuis plus de 30 ans, et il a abondamment publié. Parmi ses ouvrages, on peut citer particulièrement : *Le Voyage du Héros* (co-écrit avec Robert Dilts), le classique *Therapeutic Trances*, *Le Courage d'aimer*, *The Legacy of Erickson*, *Walking in Two Worlds* (avec D. Simon), et *L'Hypnose Générative ou l'expérience du flow créatif*.

Antonio Meza

Antonio est un architecte de vision, accompagnant des entrepreneurs et des leaders à travers le monde dans la communication d'idées complexes d'une façon simple et amusante par des illustrations et des bandes dessinées ou par la structuration de présentations, de livres ou de sites internet.

Né à Pachuca, au Mexique, Antonio est Maître Praticien et Enseignant en Programmation Neuro-Linguistique (PNL). Il est diplômé en Sciences de la Communication de la Fundación Universidad de las Américas Puebla, titulaire d'un Master en Études Cinématographiques de l'Université de Paris 3 – Sorbonne Nouvelle, d'un diplôme de Cinema Scriptwriting from the General Society of Writers in Mexico (SOGEM), et d'un diplôme en Films Documentaires de l'École Nationale des Métiers de l'Image et du Son (La Fémis), France. Il est également certifé dans les trois niveaux du système SFM.

Il a travaillé au Mexique comme réalisateur indépendant et avec des start-up de dessins animés avant de venir s'installer en France où il travaille comme consultant, coach et formateur, spécialisé dans la pensée créative et l'intelligence collective.

Antonio est également un orateur public expérimenté et membre de Toastmaster International. En 2015, il a été reçu meilleur orateur au concours international de discours du district 59, couvrant l'Europe du Sud-Ouest, et a atteint les demi-finales au niveau international.

Il a illustré 15 ouvrages, dont les trois volumes de la Modélisation des Facteurs de Succès avec Robert Dilts, et maintenant la série du Coaching Génératif avec Robert Dilts et Stephen Gilligan.

Il utilise également ses compétences de dessinateur et de formateur pour collaborer à des séminaires, conférences et séances de réflexion en tant que facilitateur graphique, et pour produire des vidéos animées pour expliquer de manière claire et amusante les informations complexes.

Antonio vit à Paris avec sa femme Suzanne, leur fille Carmen Luz, et leurs chats *Ronja* et *Atreju*.

POUR EN SAVOIR PLUS :

www.antoons.net

www.linkedin.com/in/antoniomeza/

Pour contacter Antonio : hola@antoons.net

Table des matières

962356 - (I) - COR 80° - KEP - BTT

DUPLIPRINT
733, rue Saint-Léonard, 53100 MAYENNE
N° 2992990M
Dépôt légal : septembre 2024

Imprimé en France